国家自然科学基金项目（51978617、51608483）
浙江省哲学社会科学规划课题（19NDQN351YB）资助

城市步行性

理论、实证与应用

邓一凌　著

ZHEJIANG UNIVERSITY PRESS
浙江大学出版社
杭州

图书在版编目(CIP)数据

城市步行性理论、实证与应用/邓一凌著. —杭州：
浙江大学出版社,2024.3
ISBN 978-7-308-24727-6

Ⅰ.①城… Ⅱ.①邓… Ⅲ.①步行－城市交通－交通
规划 Ⅳ.①U491.1

中国国家版本馆 CIP 数据核字(2024)第 046122 号

城市步行性理论、实证与应用

邓一凌 著

责任编辑	季 峥	
责任校对	潘晶晶	
封面设计	十木米	
出版发行	浙江大学出版社	
	（杭州市天目山路 148 号 邮政编码 310007）	
	（网址：http://www.zjupress.com）	
排 版	杭州星云光电图文制作有限公司	
印 刷	杭州宏雅印刷有限公司	
开 本	710mm×1000mm 1/16	
印 张	12	
字 数	222 千	
版 印 次	2024 年 3 月第 1 版 2024 年 3 月第 1 次印刷	
书 号	ISBN 978-7-308-24727-6	
定 价	68.00 元	

浙江大学出版社市场运营中心联系方式：0571－88925591；http://zjdxcbs.tmall.com

前　言

　　步行是城市居民最主要的出行方式之一,在城市交通系统中发挥着不可替代的作用,在城市可持续发展中扮演着重要的角色。然而,我国城市中步行出行存在诸多困境,例如步行设施不足、步行环境不友好、步行空间不够人性化等。这些问题除损害了行人的权益,也给城市可持续发展带来了不利影响。从发达国家的经验来看,推动步行交通发展已成为应对城市交通拥堵、空气质量不佳和公共健康受影响等问题的重要战略。近年来,我国政府逐渐认识到推动步行交通发展对促进城市可持续发展、建设"交通强国"和"健康中国"、实现"双碳"目标具有重要意义。各级政府出台了一系列政策改善城市步行环境。2021年,中共中央、国务院印发的《国家综合立体交通网规划纲要》中就提出了加强城市步行和自行车等慢行交通系统建设、开展人行道净化行动、鼓励公众绿色出行等举措。

　　尽管越来越多的城市开始关注步行交通发展,但从实践情况看,大多数城市较注重绿道、步行街、立体过街等独立的步行设施建设项目,忽略了城市中的存量步行空间,更缺乏对城市整体步行性的关注。本书分析了城市步行性理论和应用研究,旨在为提升城市整体步行性,进而推动步行交通的发展和步行友好城市的建设提供理论支撑。

　　本书按照"步行性定义→步行性调查分析→步行性建模解析→步行性导向的规划设计"的思路展开,共分为九章,分析阐述城市步行交通系统发展的重要意义、步行性的定义与价值、城市步行性与居民步行出行特征分析、城市步行性对居民出行行为的影响、街道步行性与行人步行评分调研分析、街道步行性对行人步行评分的影响、步行交通规划决策支持工具、步行性导向的步行交通规划方法、步行性导向的步行交通设计方法等。

　　本书有关科研工作的完成得益于国家自然科学基金面上项目(51978617)、国家自然科学基金青年项目(51608483)和浙江省哲学社会科学规划课题(19NDQN351YB)的资助。本书的出版也得到了浙江工业大学人文社科后期资助项目和浙江工业大学城乡规划学科的支持，在此致以诚挚的谢意。

感谢我的导师过秀成教授在我攻读博士研究生期间给予悉心指导，我对步行性的研究缘起读博期间参与的"常州市武进区综合交通规划"项目和"江苏省城市慢行系统规划编制研究"课题；感谢我在多伦多大学访学期间的合作导师埃里克·米列尔（Eric Miller）教授、在北京大学访学期间的合作导师赵鹏军教授给予帮助和指导。

由于作者学识有限、经验不足，书中难免会有认识不足或疏漏之处，恳请相关专家、学者和同仁不吝指正。

目　录

第一章 绪 论

1.1 研究背景

步行是城市居民最主要的出行方式之一,在不同性别、年龄、收入水平的居民的生活中都发挥着重要作用。步行是所有人都能参与的交通方式,既包括普通成年人、儿童、老人,也包括坐着婴儿车、挂着拐杖、坐着轮椅的人。《威斯康星步行政策规划 2020》中将"行人"定义为"任何一个步行、站立或者坐在轮椅中的人"[1]。步行也是"绿色"的交通方式,占用的空间少,不直接消耗能源,也不产生空气和噪声污染。

中国正处于快速城镇化的进程中,与之相伴的机动化和忽视"以人为本"的城市发展模式给中国城市带来诸多负面影响,如土地资源浪费、交通拥堵、环境污染、能源紧缺、居民交通费用上涨、社区归属感丧失等。越来越多的步行空间被机动车空间取代,人们对私人小汽车的依赖越来越强,能够通过步行便捷完成的活动越来越少。国内外相关研究和实践都表明,一个宜居的城市一定不是私人小汽车主导的城市,而是适宜人们步行及公共交通(简称公交)出行的城市。尽管很多城市已经意识到这些问题,但要真正在城市规划、设计、建设、管理中都将人放在首位并不容易。

良好的步行环境给个人、社区、城市带来诸多益处。就个体而言,良好的步行环境能使居民通过步行或者"步行+公共交通"满足日常的出行需求,不仅能减少日常交通支出,还能使日常生活更为便利,提升居民的生活品质;步行也能使人们增强体质,提高健康水平。就社区而言,步行友好的社区能增进人与人之间的交流、沟通,增加社区互动机会与生活气息,使人们更有归属感,社区关系更为和谐。就城市发展而言，设计和建设步行友好的城市，可以带来更紧凑的城市空间布局、更节约的土地利用模式、更低碳的城市交通模式，可以减少交通拥堵、降低温室气体排放、提高空气质量、降低人类对石油资源的依赖。

经济社会转型时期，城市建设更应注重人的需求，规划建设应"以人为本"。国务院 2013 年印发的《国务院关于加强城市基础设施建设的意见》中提到，城市交通要树立行人优先的理念，改善居民出行环境，保障出行安全，倡导绿色出行。设市城市应建设城市步行、自行车"绿道"，加强人行过街设施、自行车停车设施、道路林荫绿化、照明设施等建设，切实转变过度依赖小汽车出行的交通发展模式[2]。住建部等随后陆续发布的《住房城乡建设部 发展改革委 财政部关于加强城市步行和自行车交通系统建设的指导意见》[3]《城市步行与自行车交通系统规划编制导则》[4]《城市步行和自行车交通系统规划标准》[5]都进一步要求各级政府重视步行与自行车交通系统的规划及建设，并提出了切实可行的规划与建设建议。2021 年，中共中央、国务院为加快建设交通强国，印发《国家综合立体交通网规划纲要》，其中提出加强城市步行和自行车等慢行交通系统建设，开展人行道净化行动，鼓励公众绿色出行[6]。

1.2　国内城市步行出行现状

在过去的 20 年里，国内城市的步行分担率总体呈现缓慢下降的趋势，但依然占据着非常大的比重。图 1.1 为国内 34 个城市近 20 年的步行分担率情况。步行分担率最低的为扬州(18.4%)，步行分担率最高的为三亚(47.5%)，平均步行分担率为 29.5%。

表 1.1 为国内 15 个城市步行分担率的变化情况。计算这些城市步行分担率的均值可以发现，在过去 40 年中，城市平均的步行分担率从 1980—1999 年的 41% 下降至 2000—2009 年的 34%，再至 2010—2019 年的 31%。

需要指出的是，与其他交通方式相比，步行交通有一定的特殊性，其并不借助于任何交通工具，且出行距离和出行时间通常较短。国外一些研究表明，城市居民实际的步行出行比例往往要比居民出行调查中反映的高。主要包括 2 种情况：第 1 种情况是目前越来越受到重视的多模式出行(Multimodal Trip)。比如从家乘坐地铁去工作单位的出行中除乘坐地铁外，也包括从家步行去地铁站和从地铁站步行到工作单位。尽管可能需要行走 500m 或者更远的距离去地铁站，步行去地铁站的时间可能多于乘坐地铁的时间，也可能多于独立步行出行的平均出行时间。但在传统的居民出行调查中,通常仅记录地铁出行,而忽略去地铁站的步行出行。第 2 种情况是步行出行记录的漏报。国外一些研究通过对比传统的居民出行调查数据和采用 GPS 设备记录居民出行数据后发现,居民会倾向于忽视一些短距离出行、非通勤出行、家庭中小孩的出行,而这些出行中很大比例采用步行交通方式[7]。

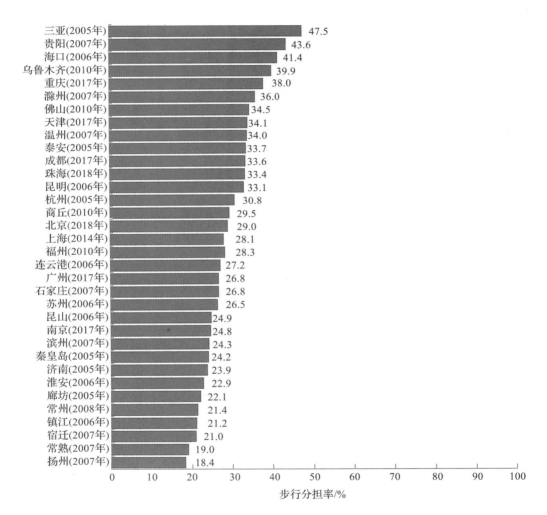

图 1.1　国内 34 个城市近 20 年的步行分担率

注:数据整理自相应城市的综合交通调查或规划报告。

表 1.1 国内 15 个城市步行分担率的变化情况

城市	年份 (1980—1999)	分担率/%	年份 (2000—2009)	分担率/%	年份 (2010—2019)	分担率/%
上海	1986	38.0	2006	28.3	2014	28.1
天津	1981	42.6	2009	22.6	2017	34.1
重庆	1985	69.2	2002	63.0	2017	38.0
南京	1987	33.1	2009	25.4	2017	24.8
杭州	1986	27.6	2005	30.8	2015	30.0
北京	—	—	2007	34.3	2018	29.0
佛山	1994	27.0	—	—	2010	34.5
沈阳	1985	29.6	2004	29.7	—	—
西安	1987	29.1	2005	26.8	—	—
郑州	1987	33.0	2000	30.6	—	—
合肥	1992	47.4	2000	31.4	—	—
贵阳	1987	69.7	2007	43.6	—	—
昆明	1994	33.2	2006	33.1	—	—
徐州	1986	52.2	2003	21.8	—	—
马鞍山	1993	38.2	2003	47.1	—	—
平均		40.7		33.5		31.2

注:数据整理自相应城市的综合交通调查或规划报告。

1.3 步行出行的国际对比

Bassett 等人汇总了 17 个欧美国家官方的步行分担率数据[8],可以将上一小节中国 34 个城市的步行分担率的均值作为中国城市的步行分担率,与这 17 个欧美国家的步行分担率进行对比,如图 1.2 所示。整体上来看,欧洲国家的步行分担率普遍高于北美洲国家。在 18 个国家中,中国步行分担率位于第 4 位,属于步行分担率较高的国家。

Bassett 等人在论文中也对国家之间步行分担率的差异产生原因进行了分析,认为步行分担率高的国家通常具有以下特征。①城市更加紧凑、混合,出发地和目的地之间的邻近性能便于步行出行;②公共交通系统更高效及步行接入性更良好;③具有连通和高质量的步行交通网络;④在步行需求集中的区域采用步行友好的政策控制机动车交通;⑤机动车拥有、使用和停放成本更高。

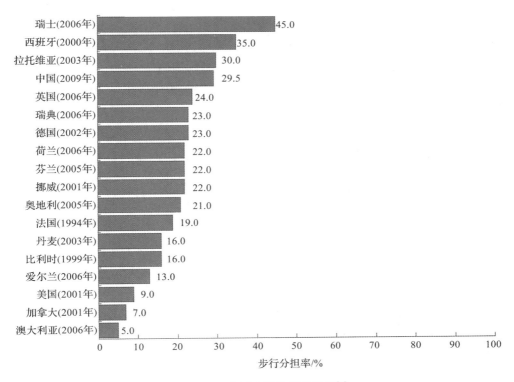

图 1.2　18 个国家的步行分担率[8]

注：中国数据来源于作者统计的 34 个城市的平均值，由于这些城市的统计年份多在 2009 年前后，为便于对比，将中国的数据年份标示为 2009 年。

近年来，智能手机的普及给步行活动的观测和分析提供了新的数据源。Althoff 等利用智能手机 App 追踪了全球 72 万人累计 6800 万日的体力活动，发现中国居民平均每日步数超过 6000 步，远超世界平均水平（4961 步），位居世界第 1[9]。

1.4　国内城市步行环境现状

国内很多城市在编制城市步行（或慢行）交通规划或进行相关研究时对城市现状步行环境、居民对现状步行环境的满意程度进行了一些调查，通过总结这些调查结论，可以在一定程度上了解目前国内城市在步行环境中存在的一些主要问题。以下列举了 6 个城市区域的统计数据进行分析，包括超大城市的中心城区或老城区——北京市四环路以内区域、上海市黄浦区、重庆市解放碑商圈,大城市的中心城区或老城区——无锡市中心城区、泰州市中心城区、张家港市杨舍城区。

李伟等对北京市四环路以内地区的25处路段的行人进行了调查,调查样本量为653人。调查显示,74%的行人认为步行环境不安全,77%的行人对步行环境不满意。其中,行人认为主要的问题包括以下几点。①人行道宽度不足。19%的受调查者认为很多地方道路太窄,57%的受调查者认为有些地方道路太窄,仅有20%的受调查者认为适中。②人行道存在步行障碍。造成障碍的因素及比例依次为:停放的汽车占75%,步行道路面不平整占66%,乱停放的自行车占62%,无证商贩占60%,夜间无照明占57%,电线杆及拉线占54%,裸露的树坑占44%,书报亭占27%,广告牌占22%。③过街不便。57%的受调查者认为过街不方便,38%的受调查者认为过街一般方便,仅有5%的受调查者认为过街方便。造成不便的因素及比例依次为:绕行太远占34%,汽车不礼让行人占33%,被迫走天桥或地道占24%,道路太宽占10%[10]。

王悦等对上海黄浦区的34处典型街道空间进行调研,发现步行交通存在以下几点主要不足。①街道空间资源分配不合理。极端情况下,街道95%的使用者为行人,却有85%的道路空间被分配给机动车。②步行交通网络不完善。人行道网络被机动车交通分隔成片段,行人期望路线被道路隔断而造成过街绕行,步行交通网络环境质量参差不齐。③局部人行道狭窄,不能满足行人使用需求,人们不得不在机动车道上行走。④行人过街困难。交叉口转弯半径过大,人行横道线背离步行期望线布置目的,增大了行人过街距离。⑤一些公共空间缺乏吸引行人停留的设施,潜力未充分发挥。⑥步行与公共交通系统连接不足[11]。

姜洋等采用公共生活公共空间调查(PLPS)、问卷调查及商户座谈的方法,收集重庆市解放碑商圈步行交通的现状数据,发现步行交通存在下述问题。①商圈步行交通网络连续性不足,行人过街不便,部分交叉口行人过街绿灯时间短,过街设施背离行人过街期望线。②部分街道界面消极,建筑底层忽视人性化设计,商圈多处处于施工状态。③缺乏休憩设施、指示标志、公厕等设施。④重庆夏季炎热,尽管商圈内有不少微气候条件良好的街道小巷,但空间缺乏整体规划包装,步行和休憩环境较差,利用效率较低。⑤商圈的违章停车问题严重,机动车侵占人行道停车的现象普遍存在[12]。

无锡市中心城区慢行交通系统规划对道路红线内人行道宽度进行了统计,仅有19%的道路人行道宽度大于3.0m,43%的道路人行道宽度在1.5~3.0m,

17%的道路人行道宽度小于1.5m,21%的道路无人行道。规划也对行人进行了调查,调查样本量为4248人。调查中居民主要反映的人行道问题及比例如下。人非共板使步行受到干扰占56.5%,占道停车严重占48.2%,步行和非机动车之间缺少隔离占39.3%,人行道狭窄占28.5%,占道摊点多占26.3%,路面不平整占24.8%,盲道不连续占10.0%,无障碍设施不齐全占8.8%。主要反映的人行过街问题及比例如下。天桥与地道不足、过马路不方便占56.3%,缺乏过街信号灯、过马路等待时间长38.5%,缺乏过街安全岛占37.4%,斑马线较少占33.8%,过街信号灯缺乏鸣音装置占27.2%,斑马线宽度不足占7.7%[13]。

泰州市慢行交通系统规划中居民反映的步行交通现状问题及比例依次是:缺乏有效管理、过街秩序乱占25%,过街不方便、不安全占15%,慢行设施被侵占占19%,受机动车干扰占13%,无障碍设施不完善占9%,缺少遮阳、座椅等占9%,骑车秩序乱占8%,步行设施不连续占2%[14]。

张家港市杨舍城区慢行交通系统规划中对现状设施的调查统计了现状人行道的宽度和人行道与非机动车道的隔离形式。35.7%的道路人行道宽度为0.5~2.0m,32.4%的道路人行道宽度为2.0~3.5m,7.0%的道路人行道宽度为3.5~5.0m。48.7%的道路人行道与非机动车道间有高差隔离,36.1%的道路人非共板,采用不同的铺装划分路权,15.2%的道路人非共板,无路权划分。过街设施的统计发现主干路的过街设施平均间距为389m,次干路为331m。对行人的调查反映的主要问题及比例如下。过街绿灯时间太短占23%,无过街信号灯占21%,非机动车道占用人行道占20%,人行道狭窄占13%,人行道和非机动车道缺乏必要分隔占12%,过街横道缺乏过街不安全占6%,无障碍设施不齐全占5%,大型交叉口中间没有二次过街等待区占4%[15]。

北京市的问询调查反映行人对步行环境总体的满意程度较低。对于步行交通设施,上海市、无锡市和张家港市的实地调查均反映人行道的现状宽度普遍不足,从上海市、重庆市、张家港市的实地调查反映人行横道间距普遍过大或背离行人过街期望线。从北京市、无锡市、泰州市、张家港市对行人的问询调查中都可以看出,上述人行道宽度和人行过街横道间距问题反映得较多。另外,问询调查中也反映一些步行设计中的问题,比如缺乏夜间照明、无障碍设施、过街安全岛等,以及一些管理中的问题,比如小汽车和非机动车的违章停放、摊点的占道经营、驾驶员的不礼让行为等。

1.5 步行环境的国内对比

1.5.1 2014 年中国城市步行友好性评价

自然资源保护协会（NRDC）在 2014 年 8 月发布了《中国城市步行友好性评价报告（阶段性报告）》，引起了媒体的广泛关注和报道[16]。该研究选择了 35 个中国城市的主城区进行步行性评价，包括 12 个特大城市、13 个大城市、6 个中等城市和 4 个小城市。该研究设计了 4 个维度的指标体系，每个维度包括 3 个指标，具体有：安全性（道路事故死亡率、人均汽车保有量、人行道面积率）、舒适性（空气质量指数、树荫路覆盖率、步行分数）、便捷性（城市路网密度、步行可达性、城市道路尺度）、政策与管理（政府表率、人行道管理、步行系统建设）。其中 9 个指标为定量指标：道路交通事故死亡率、人均汽车保有量、人均道路面积、空气质量指数、树荫路覆盖率、城市路网密度、城市道路尺度等数据来源于政府或权威机构发布的相关信息（包括出版物、年鉴、公告、政府工作报告）；步行分数来源于国外步行性评分网站 www.walkscore.com；步行可达性采用在研究区域内随机选取起始点并通过 Google Earth 计算起始点间的直接程度。另外 3 个为定性指标：政府表率则为地方官员是否带头做出绿色出行的表率；人行道管理则为城市政府是否将其作为城管或交警的工作重点之一；步行系统建设则为城市是否编制完成步行系统专项规划，并且获批、实施，取得良好效果。每一个指标的权重则使用专家打分法来获得。

根据最终的评分结果，将城市的步行友好性划分为 5 类：71～100 分为步行天堂，61～70 分为非常适宜步行，51～60 分为适宜步行，41～50 分为较适宜步行，0～40 分为不适宜步行。评分结果如表 1.2 所示。

表 1.2　35 个城市的步行友好性分级结果[16]

步行友好性分级	城市
步行天堂（1 个）	香港
非常适宜步行（4 个）	深圳、上海、广州、大连
适宜步行（8 个）	青岛、厦门、济南、海口、九江、北京、重庆、威海
较适宜步行（17 个）	昆明、成都、铜陵、遵义、杭州、长春、宁波、西安、南京、天津、南宁、西宁、张家口、武汉、常州、哈尔滨、沈阳
不适宜步行（5 个）	鄂尔多斯、鹤岗、常熟、榆林、吐鲁番

对每一分级的步行性得分和 4 个维度的单独得分的均值进行可视化，如图 1.3 所示，可以清楚地看到各分级城市间的差距。

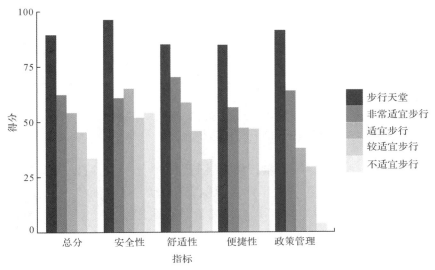

图 1.3 不同步行性分级的城市的平均得分对比[16]

1.5.2 2015 年中国城市步行友好性评价

考虑到城市街道设施状况在一年内变化有限,自然资源保护协会于 2015 年发布的《2015 年中国城市步行友好性评价报告》中并没有对 2014 年已评价的 35 个城市重新进行步行性评价,而是再选取了 17 个城市进行步行性评价[17],加上 2014 年已评价的 35 个城市,评价城市总数达到 52 个,实现全国的基本覆盖和区位的平衡。指标体系沿用了 2014 年步行性评价的 4 个维度,但对个别二级指标进行了调整。一是去掉步行分数指标,原因是国外步行性评分网站 www.walkscore.com 中中国城市的相关信息不全或滞后;二是去掉安全性维度下的人行道面积率和政策与管理维度下的政府表率,原因是人行道面积率从统计数据计算而得,但统计数据口径和质量不一,且中小城市的数据时有短缺,而政府表率的判断比较困难,不好赋值。调整后的指标体系具体为:安全性(道路事故死亡率、人均汽车保有量)、舒适性(空气质量指数、树荫路覆盖率)、便捷性(城市路网密度、步行可达性、人行道面积率)、政策与管理(人行道管理、步行系统建设)。

2015 年测评的 17 个城市的步行友好性得分总体偏低,城市得分离散程度也较低,得分最高的株洲仅 57 分。与前一年相同,根据最后得分,将城市的步行友好性分为 5 个等级,然而所测 17 个城市中,"步行天堂"与"非常适宜步行"两档均空缺。分级结果如表 1.3 所示。

表 1.3　2015 年测评的 17 个城市的步行友好性分级结果[17]

步行友好性分级	城市
适宜步行(8 个)	株洲、福州、常德、长沙、贵阳、三亚、南昌、沧州
较适宜步行(8 个)	合肥、银川、郑州、兰州、石家庄、呼和浩特、太原、乌鲁木齐
不适宜步行(1 个)	拉萨

1.5.3　2017 年中国城市步行友好性评价

2017 年发布的《中国城市步行友好性评价——基于街道促进步行的研究》由自然资源保护协会与清华大学建筑学院合作完成,研究涵盖中国 287 个地级及以上等级的城市[18]。2017 年步行性评价没有采用 2014 年和 2015 年步行性评价 4 个维度的评价指标,而是基于 2014 年的中国城市路网测绘数据,以服务居民短途出行目的为出发点,借鉴国际上常用的步行指数概念,在考虑城市建成区内所有正式路段上公众日常生活所需的服务设施种类和密度的基础上,加入步行距离衰减、交叉路口密度、路段长度等调节因素,计算出每个正式路段的步行指数。结果表明,街道引发步行活动的可能性也能间接反映街道活力。

表 1.4 列出了街道步行指数均值超过 80 分的大城市(市辖区人口 500 万人以上)、中等城市(市辖区人口 100 万～500 万人)和小城市(市辖区人口 100万人以下),总计 60 个。报告还显示步行指数平均值在 60 分及以上的城市占95%,说明中国大多数城市总体"及格",从大量街道能够就近找到市民日常的兴趣点。81%的城市有 100 分的路段,除 2 个城市(陕西省延安市和青海省海东市)外,所有城市都有 0 分路段,即没有步行可到达的兴趣点。

表 1.4　287 个城市中街道步行指数均值超过 80 分的城市[18]

城市规模	城市
大城市(6 个)	汕头、西安、成都、重庆、杭州、上海
中等城市(27 个)	巴中、贺州、泸州、钦州、乐山、广安、安康、湖州、资阳、莆田、东莞、武威、厦门、宜宾、温州、福州、呼和浩特、遂宁、达州、清远、哈尔滨、兰州、天水、南充、长沙、南宁、宜昌
小城市(27 个)	丽江、丽水、梅州、遵义、延安、汉中、孝感、保山、金华、云浮、眉山、广元、陇南、安顺、萍乡、吴忠、德阳、梧州、阳江、白山、怀化、酒泉、河源、商洛、中卫、白银、宁德

1.5.4　2019 年中国城市步行友好性评价

2019 年发布的《中国城市步行友好性评价——城市活力中心的步行性研究》由自然资源保护协会与清华大学建筑学院合作完成,对城市内步行交通最为活跃的"城市活力中心"进行了步行性评价[19]。报告选取了中国具有代表性的 50 个城市,包括 4 个直辖市、27 个省会与自治区首府、5 个独立规划城市和 14 个其他地级市,共涉及 71 个城市活力中心。在 2017 年发布的报告中采用的引发步行活动可能性的评价基础上,2019 年发布的报告加入了对城市街道环境的考虑。通过对街景图片的虚拟建成环境审计,评价了街道在是否有过街设施、是否有街道绿化、是否有舒适的两侧建筑高宽比、是否有街道家具、是否有机非隔离设施、步道宽度是否适宜、是否有占道现象、是否有步道失修迹象和是否有专用自行车道等 9 项步行环境方面的表现。为更好地反映街道环境指数在城市步行友好性评价的重要性,可持续交通领域的 20 名专家对 9 个指标赋予权重,并用德尔菲法确定 9 个指标的最终赋权。

从评价结果来看,71 个城市活力中心的街道环境指数的平均值是 41.9 分。仅有 10 个城市活力中心的街道环境指数得分高于 50 分,分别是北京次中心(中关村)、广州次中心(天河路—体育东路)、济南次中心(山大北路)、北京市中心(国贸 CBD)、深圳次中心(深南中路)、佛山市中心(祖庙)、临沂市中心(新华路)、上海市中心(九江路)、重庆次中心(三峡广场)和济南市中心(大观园)。另外 61 个城市活力中心的街道环境指数得分低于 50 分,说明即便在人流密集、商业发达的城市活力中心,步行环境仍然有非常大的提升空间。通过对不同类型城市单项步行环境指标得分的均值的可视化图示(图 1.4),可见不同类型城市在不同指标上的差异。

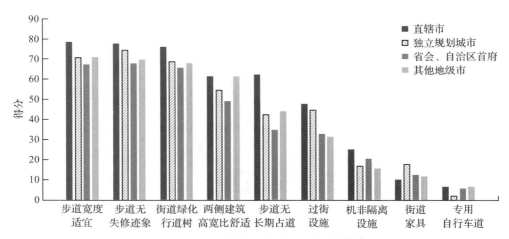

图 1.4　不同类型城市的步行指数得分[19]

1.5.5 2021 年中国城市步行友好性评价

2021 年发布的《中国城市步行友好性评价——步道设施改善状况研究》由自然资源保护协会与中国城市科学研究会城市大数据专业委员会合作完成[20]。报告选取 45 个城市(包括特大型、超大型和大型城市),对每个城市不少于 500 个路段点位进行不同年份的街景对比,从而对各城市街道步行设施几年间的变化做出综合分析。评价指标在 2019 年发布的报告中采用的 9 个指标基础上,增加了"有专用步行道"这一项指标,并将"舒适的高宽比"改为"路边建筑物连贯"。调整后的指标体系具体为:有过街设施、有街道绿化、路边建筑物连贯、有机非隔离设施、有专用自行车道、有专用步行道、有街道家具、步道不过窄、步道无长期占道、步道无失修迹象。在 2019 年发布的报告采用的指标权重的基础上,沿用德尔菲法对指标权重进行了微调。

从评价结果来看,自基准年(2013 年)后的 3～6 年时间里,在全部 45 个城市都观察到有提高步行性的道路设施改善措施,但是总体上数量不多。在 3～4 年间隔的城市中,深圳、淄博、呼和浩特、青岛、徐州街道步行设施改善措施数量最多。在 5～6 年间隔的城市中,北京、长春、武汉、兰州、郑州街道步行设施改善措施数量最多。对比基准年(2013 年)的街景图和可获得的最近年份的街景图,10 项改善措施类型占比如图 1.5 所示。

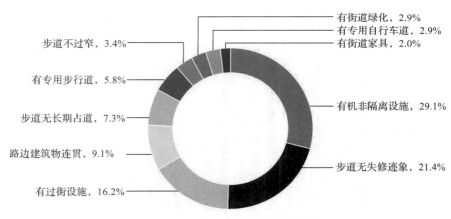

图 1.5 10 项改善措施类型占比[20]

1.5.6 江苏城市宜步指数

2019 年,江苏省城镇化和城乡规划研究中心与东南大学 TranStar 创新研究团队联合发布了《江苏城市宜步指数报告 2019》[21]。报告对江苏省 54 个城市所有条街道开展步行性的定量评价,并对全省 17 个美丽宜居城市建设试点城市的中心城区进行深入分析。研究、借鉴国内外已有成果开展指标体系设计,从街道的步行功能多样性(有趣)、步行环境友好性(好走)2 个方面综合评价街道步行体验,形成能用于大规模、大尺度的"宜步指数"评价方法。步行功能多样性重点关注步行范围内街道功能是否丰富多样,由国际上广泛应用并经过本土优化的步行功能指数分数表示;步行环境友好性重点关注街道的绿化水平、机非隔离安全性、公交可达性及抗机动车干扰能力,由步行环境指数分数表示。

对全省 14 个设区市的评价中,苏南 5 市宜步指数得分排名在前 5 名(依次是南京、无锡、苏州、常州和镇江),苏中、苏北城市排名靠后。对 41 个县(市)进行的"有趣"与"好走"双维度步行体验评价结果如表 1.5 所示。其中,苏南 10 个县(市)中有 80% 的县(市)"有趣又好走",而苏北 11 个县(市)中有 50% 的县(市)、苏中 20 个县(市)中有 72.7% 的县(市)为"无趣且难走"。

表 1.5　41 个县(市)的宜步指数维度评价结果[21]

宜步指数维度	城市数
有趣又好走	14 个
有趣但难走	6 个
无趣但好走	3 个
无趣且难走	18 个

1.5.7　社区生活圈低碳出行环境评价

为促进低碳出行,创建安全、舒适、愉悦的社区街道环境,宇恒可持续交通研究中心、清华大学建筑学院、北京数城未来科技有限公司、南方周末绿色研究中心在 2021 年联合发布了《社区生活圈低碳出行环境评价报告》[22]。报告聚焦中国城市社区生活圈低碳出行环境,主客观相结合,构建了安全(人行道宽度达标率、专用自行车道密度、盲道设置率、安全岛达标率、街道照明指数)、便捷(慢行通道密度、生活服务设施可达性、公共充电站覆盖率、公共交通站点覆盖率)、舒适(慢行林荫率、无占道停车路段比例、机动车出入口间距、人行道平整度)、活力(慢行人数、街道底商线密度、街道界面连续度、室外活动场地充裕度)、满意(慢行满意度、公共交通满意度、充电桩满意度)等 5 个维度共 20 项指标的评价体系,除专用自行车道密度、公共充电站覆盖率、公共交通满意度、充电桩满意度外,其余指标均与步行性直接相关。报告对北京、上海、深圳和海口4个城市内24个典型社区进行了实证评估,分析其长处与短板,并探索公众低碳出行意愿、行为和低碳出行环境之间的联系,提出针对性的建议。同时,开展焦点小组访谈活动,与社区居民深入交流,探讨评估反映的典型问题,挖掘其背后的根源。

图1.6为指标平均得分。从整体来看,全国社区生活圈低碳出行环境的满意、舒适维度得分相对较高,安全、便捷、活力维度得分相对较低。

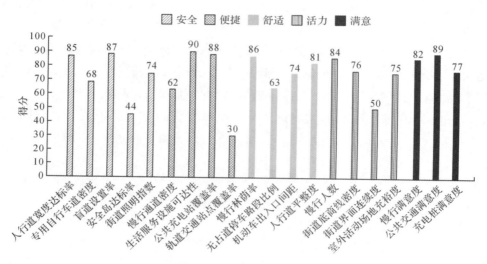

图 1.6　指标平均得分[22]

1.5.8　亚洲城市的步行性与步行设施

亚洲开发银行在其工作报告《亚洲城市的步行性与步行设施:现状与问题》中选取了亚洲发展中国家 12 个城市(宿务、科伦坡、达沃、河内、胡志明市、香港、雅加达、加德满都、兰州、大马尼拉、乌兰巴托)的商业区、交通枢纽区、教育区、居住区等 4 类区域,使用调整后的全球步行指数(GWI)调查法对这些城市进行了步行环境评价。调研方法为多名专业人员的实地打分,每人对每项指标打 1~5 分,最终统计所有人打分的平均值并标准化至 0~100 分,打分指标包括步行道现状、步行道交通冲突、步行过街设施现状、步行过街安全、机动车驾驶行为、便利设施、无障碍设施、步行障碍、社会治安[23]。其中被调查的中国城市有兰州和香港。图1.7绘制了报告中对兰州、香港的评分结果及所有被调查城市的评分均值。可以清楚地看到兰州与典范的步行城市香港、亚洲发展中国家其他城市相比的优劣势。在居住区方面,兰州大部分评分与平均水平存在较大的差距,评分差距最大的 3 项为步行过街设施、步行道交通冲突、便利设施,与香港评分相比则几乎在所有方面均存在较大差距。在教育区方面,兰州评分略微低于平均水平,评分差距最大的依然是便利设施、步行道现状,与香港评分相比仍然是在所有方面均存在较大差距。在交通枢纽区方面,兰州评分高于平均水平,香港并没有此项数据。在商业区方面,兰州评分略高于平均水平,且与香港评分持平。

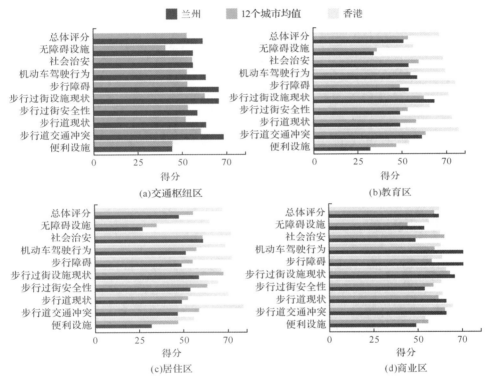

图 1.7　兰州、香港及亚洲发展中国家 12 个城市均值的 4 类区域步行环境得分对比[23]
注:报告中并没有香港交通枢纽区调研数据。

1.6　国内城市步行交通安全现状

在国内各种交通事故中,步行出行者的死亡人数是最高的。根据中国道路交通事故统计年报的数据,通常占事故死亡总数的 26%。具体数据如表 1.6 所示。

表 1.6　全国道路交通事故中行人死亡人数统计

数据年份	交通事故死亡总人数	行人死亡人数	行人死亡人数比重/%
2006	89453	23285	26.03
2004	102077	26741	26.20
2002	105930	28274	26.69
2001	93853	24580	16.19
2000	83529	21686	25.96
1999	78067	20379	26.10
1995	66382	17493	26.35

一些学者也对行人交通事故发生的位置和原因进行统计。周继红等人分析了重庆市不同地区行人交通伤亡的问题。在调查的 16795 例交通事故中,有 3735 例行人伤亡,其中死亡、重伤数分别为 603 人和 1150 人,均高于乘客和司机伤亡人数。导致行人伤亡的主要事故原因和比例为:措施不当占 34.9%,违章穿行车道占 25.0%,疏忽大意占 8.6%,超速行驶占 6.5%,判断错误占 3.6%,不靠边/不走人行道占 2.3%,违章超车占 2.1%,不按规定让行占 2.1%,制动不良占 1.6%,违章占道行驶占 1.1%。事故发生时,行人处在路中间的占 78.7%,在便道或绿化带的占 11.1%,在人行横道的占 3.8%[24]。

1.7　研究框架

国内已开展大量的步行交通规划设计实践,但是对支持步行交通规划设计的理论、方法的研究还是非常有限,缺乏从人的行为和感知角度开展理性的、定量的研究。本书以步行性为研究对象,旨在通过系列研究回答以下问题,为步行交通分析、规划、设计提供参考。

(1)什么是步行性? 步行性有什么价值?

(2)步行性与建成环境的关系如何? 哪些建成环境因素构成城市步行性? 这些建成环境因素如何影响居民的出行行为?

(3)步行性与街道环境的关系如何? 哪些街道环境因素构成街道步行性? 这些街道环境因素如何影响行人的步行体验?

(4)基于提升步行性的视角,如何开展步行交通规划设计?

针对上述问题,本书综合运用交通工程学、城乡规划学、统计学等多学科的知识,以数据分析、建模为主要手段,依次开展步行性的定义与价值、城市步行性分析与建模、街道步行性分析与建模、步行交通规划与设计方法等研究。本书对城市步行性与街道步行性的研究都选择在南京开展。

具体的技术路线如图 1.8 所示。

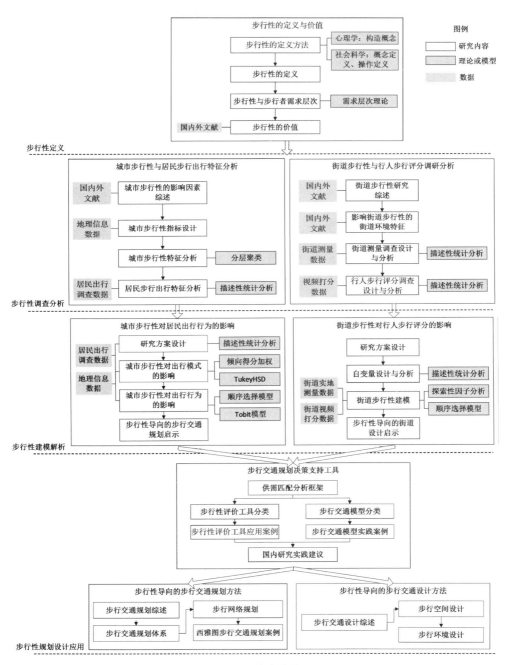

图 1.8 技术路线

17

参考文献

［1］The Wisconsin Department of Transportation. Wisconsin Pedestrian Policy Plan 2020［R］.［S. l.］;［s. n.］,2002.

［2］国务院.国务院关于加强城市基础设施建设的意见［EB/OL］.［2021-10-13］. https://www. gov. cn/gongbao/content/2013/content_2496393. htm.

［3］住房和城乡建设部,国家发展和改革委员会,财政部.住房城乡建设部 发展改革委 财政部关于加强城市步行和自行车交通系统建设的指导意见［EB/OL］.（2012-09-17）［2021-10-17］. https://www. mohurd. gov. cn/gongkai/zhengce/zhengcefilelib/201209/20120917_211404. html.

［4］住房和城乡建设部.城市步行与自行车交通系统规划设计导则［S］.2013.

［5］住房和城乡建设部.城市步行和自行车交通系统规划标准［S］.2021.

［6］中共中央,国务院.国家综合立体交通网规划纲要［R］.北京:中共中央;北京:国务院,2020.

［7］Clifton K,Muhs C D. Capturing and representing multimodal trips in travel surveys［J］. Transportation Research Record:Journal of the Transportation Research Board,2012, 2285:74-83.

［8］Bassett D J,Pucher J,Buehler R,et al. Walking, cycling, and obesity rates in Europe, North America, and Australia［J］. Journal of Physical Activity and Health,2008,5(6): 795-814.

［9］Althoff T,Sosič R,Hicks J L,et al. Large-scale physical activity data reveal worldwide activity inequality［J］. Nature,2017,547(7663):336-339.

［10］李伟.倾听市民声音,再谈步行交通与自行车交通［J］.北京规划建设,2004(5):22-26.

［11］王悦,姜洋,Kristian S V.世界级城市街道重建策略研究——以上海市黄浦区为例［J］.城市交通,2015(1):34-45.

［12］姜洋,解建华,余军,等.城市传统商业区步行交通系统规划——以重庆市解放碑商圈为例［J］.城市交通,2014(4):37-45.

［13］无锡市规划局.无锡市中心城区慢行交通系统规划［R］.无锡:无锡市规划局,2011.

［14］泰州市规划局.泰州市慢行交通系统规划［R］.泰州:泰州市规划局,2013.

［15］张家港市规划局.张家港市杨舍城区慢行交通系统规划［R］.张家港:张家港市规划局,2012.

［16］自然资源保护协会.中国城市步行友好性评价报告(阶段性报告)［R］.北京:自然资源保护协会,2014.

［17］自然资源保护协会.2015 年中国城市步行友好性评价报告［R］.北京:自然资源保护协

会,2015.

[18] 自然资源保护协会,清华大学建筑学院.中国城市步行友好性评价——基于街道促进
步行的研究[R].北京:自然资源保护协会;北京:清华大学建筑学院,2017.

[19] 自然资源保护协会,清华大学建筑学院.中国城市步行友好性评价——城市活力中心
的步行性研究[R].北京:自然资源保护协会;北京:清华大学建筑学院,2019.

[20] 自然资源保护协会,中国城市科学研究会城市大数据专业委员会.中国城市步行友好
性评价——步道设施改善状况研究[R].北京:自然资源保护协会;北京:中国城市科学
研究会城市大数据专业委员会,2021.

[21] 江苏省城镇化和城乡规划研究中心,东南大学 TranStar 创新研究团队.江苏城市宜步
指数报告 2019[R].南京:江苏省城镇化和城乡规划研究中心;南京:东南大学 TranStar
创新研究团队,2019.

[22] 宇恒可持续交通研究中心,清华大学建筑学院,北京数城未来科技有限公司,南方周末
绿色研究中心.社区生活圈低碳出行环境评价报告[R].北京:宇恒可持续交通研究中
心;北京:清华大学建筑学院;北京:北京数城未来科技有限公司;广州:南方周末绿色
研究中心,2021.

第二章 步行性的定义与价值

2.1 步行性的定义方法

步行性是英文"Walkability"的翻译,尽管步行性在发达国家被广泛地研究和使用,但直到近年来才在国内的研究和实践中被提及。国外有很多学者根据自身研究和实践需要对步行性进行了定义,但是国内的步行出行主体(行人)和步行出行客体(步行环境)与发达国家存在非常大的不同。因此,如果要使用"步行性"这个概念,首先需要根据国内的实际情况对它进行定义,并且提出可操作的测度方法。

步行性的内涵非常丰富。索斯沃斯等将步行性定义为"建成环境支持和鼓励步行的程度",这些支持和鼓励包括为行人提供舒适、安全的出行环境,在合理的时间和成本内使行人能够到达目的地,以及步行网络中有富有视觉吸引力的要素[1]。Habibian 和 Hosseinzadeh 将步行性定义为"建成环境对行人友好和允许步行的程度"[2]。Ewing 等将步行性定义为"个人对街道作为步行场所的感受"[3]。Litman 和 Manaugh 等将步行性定义为"吸引人的步行环境,邻近商业、休闲、学校等出行目的地"[4,5]。Gehrke 将步行性定义为"对步行路径的安全性和期待性进行量化的想法"[6]。李怀敏将步行性定义为城市环境对步行的支持程度及步行者对环境中步行体验的评价[7]。总的来说,国外在交通规划、城市规划、城市设计、公共健康、公共安全等领域对步行性有着丰富研究,学者多根据自己的研究和实践需要对其做出定义,没有统一的标准。步行性和很多专业术语一样,比如"可持续性"或"建成环境",随着研究的深入,所涵盖的内容不断增加,其定义也在不断演变。

步行性是一个非常抽象的概念,本书将步行性理解为一种构造概念(Construct)①。构造概念是心理学上常用的一个名词,心理学理论中对其的解释为:不是以物质形式存在的有形物体,而是精神上的一种无形物体,其存在取决于主体的精神或思维。构造概念虽然被用来解释一些心理学现象,但不能被直接观测,比如心理学中的焦虑[9]。一些学术上的概念也往往是构造概念,如社会科学中的资本、经济学中的效用、生态学中的生物多样性。由于构造概念本身非常抽象和模糊,一些社会科学研究通常赋予其概念上的定义和操作上的定义。概念上的定义解释是什么的问题,但不解释如何观测,往往是比较定性的定义。操作上的定义则解释如何观测,因此需要将其分解为一系列相关的、具体的、可观测的组构,往往是比较定量的定义[10]。比如《现代汉语词典》中将"焦虑"解释为"焦急忧虑"。通过这个定义,可以大概了解什么是焦虑,但并不能确定某人是否焦虑,因为焦虑本身不能直接观测。如果要确定某人是否焦虑及其焦虑的程度,研究人员通常不会直接询问"你是否焦虑",因为每个人对焦虑的定义不同。判断焦虑最好的方法是询问一系列与焦虑相关的具体且容易判断的问题。

从构造概念的视角来看,尽管已有的国外学术研究对步行性有非常多的定义,但这些定义更多的是概念上的定义,而不是操作上的定义,也鲜有研究将两者结合起来。

2.2　步行性的定义

对于步行性,如果关注微观层面的交通设计的因素,定义中需要考虑行人流量、步行设施容量和步行服务水平等因素,或者过街等待时间和过街服务水平等因素;如果关注微观层面的环境设计的因素,定义中需要考虑街道绿化、街景、尺度等因素;如果关注宏观层面的建成环境的因素,则定义中需要考虑人口与就业密度、道路网络、土地利用等因素。

步行性定义的尺度不同,需要考虑的因素也并不相同,即使在同一尺度内,需要考虑的因素也非常多。因此,对步行性进行定义,首先需要明确定义的尺

---

① "Construct"是英文语境下的概念,其在中文语境下找不到现成的完全对应的中文词语,国内一些论文将其翻译成"结构""构想""概念""实验""构造概念""建构""概念"。本书根据北京语言大学谢小庆的分析,选用了"构造概念"这个翻译[8]。

度与边界。定义的尺度是确定研究在什么空间范围内开展。定义的边界则是针对特定的尺度,确定研究应该包括哪些要素、排除哪些要素。通常确定定义的边界需要通过综述已有研究,构建出一个完整的影响因素列表,进而根据研究目标、研究方法、所拥有的数据来选择影响因素。

步行性是一种空间属性,本书根据定义的尺度不同,将其分为城市步行性和街道步行性:城市步行性,聚焦于比较宏观的建成环境要素;街道步行性,聚焦于比较微观的街道环境因素。

2.2.1　城市步行性

在典型的日常出行中,人们愿意步行的距离是相当有限的,因此对于单次出行来说,到达目的地的距离是人们是否选择步行的最重要影响因素,其他影响因素包括身体状况、天气、交通安全和社会治安等[11,12]。如果从集计的角度进行分析,影响人们步行选择的是步行出行距离内可接触机会的大小,由包括单位、学校、购物休闲娱乐设施等出行目的地的空间布局及街道网络形态所决定,只有当目的地在步行范围内,人们才有可能选择步行出行。

本书将城市步行性定义为"建成环境支持步行的程度",这些支持包括为行人提供可能的步行出行机会及便捷的出行路径,在合理的时间和成本内使得行人能够到达各种目的地。操作上的定义则需要通过研究,将城市步行性分解为一系列相关的并能支持步行的建成环境因素。因此,城市步行性研究聚焦在土地利用模式、建成环境、街道网络等建成环境因素上,通过研究,明确这些因素对居民出行行为的影响,为如何通过宏观层面的土地利用规划、交通系统规划提升城市步行性提供依据。

2.2.2　街道步行性

愉悦的街道步行环境可以增加人们愿意步行的距离,因此也会影响人的出行行为。Westerdijk 研究了街道环境与人们愿意步行的距离之间的关系。他按照"愉悦度"将街道分成 7 个等级,控制其他变量后发现,当街道愉悦度下降 1 个等级,人们愿意行走的距离会减少 160m 或者更多[13]。Jaskiewicz 研究认为简单测算到达目的地的距离不足以衡量步行性,步行路径的质量也非常重要[14]。街道层面的许多因素对鼓励步行也有着积极作用,比如街道整体设计、视觉吸引力、立面通透度、景观元素、照明、街道活动等[1],或者街道的设计、尺度、界面、景观小品布置等[15]。

　　本书将街道步行性定义为"街道环境利于步行的程度",利于步行程度的决定性因素可能是街道的安全性、舒适性等。操作上的定义则需要通过研究,将街道步行性分解为一系列相关的,并且能利于步行的街道环境因素。因此,街道步行性研究聚焦在街道空间、环境、步行设施等街道设计因素上。通过研究明确这些因素对行人步行体验的影响,为如何通过微观层面的街道设计提升街道步行性提供依据。

　　步行性定义的思路如图 2.1 所示。

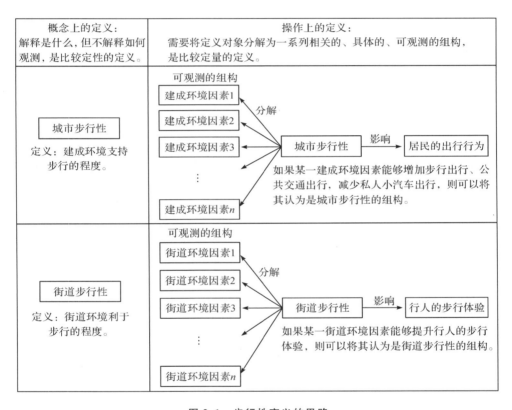

图 2.1 步行性定义的思路

2.3 步行性与步行者需求层次

　　马斯洛需求层次理论把人的需求分为生理需求、安全需求、归属与爱的需求、尊重需求和自我实现需求 5 个层次。相应地,可将步行者的需求层次解释为可行性、可达性、安全性、舒适性、愉悦性,如图 2.2 所示。

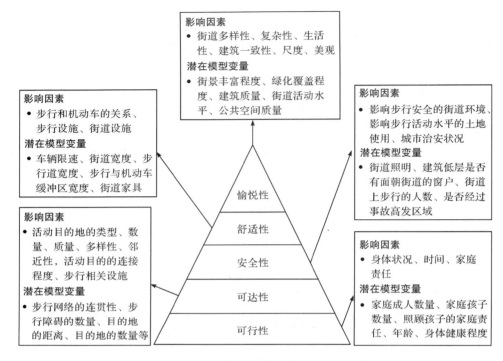

影响因素
- 街道多样性、复杂性、生活性、建筑一致性、尺度、美观

潜在模型变量
- 街景丰富程度、绿化覆盖程度、建筑质量、街道活动水平、公共空间质量

影响因素
- 步行和机动车的关系、步行设施、街道设施

潜在模型变量
- 车辆限速、街道宽度、步行道宽度、步行与机动车缓冲区宽度、街道家具

影响因素
- 影响步行安全的街道环境、影响步行活动水平的土地使用、城市治安状况

潜在模型变量
- 街道照明、建筑低层是否有面朝街道的窗户、街道上步行的人数、是否经过事故高发区域

影响因素
- 活动目的地的类型、数量、质量、多样性、邻近性，活动目的的连接程度、步行相关设施

潜在模型变量
- 步行网络的连贯性、步行障碍的数量、目的地的距离、目的地的数量等

影响因素
- 身体状况、时间、家庭责任

潜在模型变量
- 家庭成人数量、家庭孩子数量、照顾孩子的家庭责任、年龄、身体健康程度

愉悦性
舒适性
安全性
可达性
可行性

图 2.2　步行出行需求层次、影响因素及潜在模型变量

可行性是潜在步行者最基本的需求。可行性会影响出行者的出行决策，无论是对于通勤、购物等有特定目的地的出行，还是对于散步等无特定目的地的出行。对于有特定目的地的出行，可行性影响着出行者在步行与其他交通方式之间的选择。对于无特定目的地的出行，可行性影响着居民是否会选择出行。因此，对于两种类型的出行来说，如果可行性的需求没有被满足，步行出行不会发生，无论更高层次的需求满足程度有多高。影响可行性因素包括身体状况、时间及家庭责任。身体状况主要受年龄、体重、健康状况等影响。同样的出行距离，步行相比其他交通方式需要花费更多时间，因此，时间的限制可能降低居民选择步行出行的可能性。接送老人、孩子等家庭责任，也可能降低居民选择步行出行的可能性。

如果潜在步行者的可行性需求被充分满足，则会考虑高一个层次的需求，即可达性。可达性是指合理步行范围内活动目的地的数量、质量、种类、邻近程度[16]。其他影响可达性的因素包括人行道的数量和质量、真实的或心理上的步行障碍。真实的步行障碍，比如封闭的用地（大院）；心理上的步行障碍，比如穿越路幅宽、车速快、车流量大的道路等。

如果潜在步行者的可行性和可达性需求都被充分满足,则会考虑高一个层次的需求,即安全性。安全性可以解释为是否会为步行时可能发生的偷盗、抢劫等犯罪行为感到担心。一些土地利用密度较低且功能单一的区域,一些特定人群集聚、犯罪高发的区域,一些缺乏照明、临街建筑无法看到街道的区域,都会让潜在步行者产生安全性的担忧,进而影响步行出行的选择。安全性对没有明确目的地的出行影响尤为严重,潜在步行者会因为对安全性的担忧,放弃这一类非必需的出行。

一旦可行性、可达性和安全性的需求被满足,潜在步行者会考虑高一层次的需求,即舒适性。舒适性可以解释为步行者对步行环境的满意程度。影响因素包括步行设施因素,比如人行道的宽度、平整程度;街道设施因素,比如可以应对下雨或高温天气的遮盖、拱廊,以及可供步行者休息的座凳。机动车因素,比如车辆限速、步行者和机动车的分隔程度。

一旦可行性、可达性、安全性、舒适性的需求被满足,潜在步行者会考虑最高层次的需求,即愉悦性。愉悦性可以解释为步行环境对步行者的吸引程度,即步行环境是否有趣、生动。绿化、街景、街道设施、临街建筑、街道历史文化,以及街道上的活动,比如街头艺人的表演都会影响步行者的愉悦程度。

5级步行需求层次与本书研究的步行性有着密切的关系,可行性对应的是出行者自身状况,可达性基本上对应的是城市步行性,安全性对应城市步行性和街道步行性,舒适性和愉悦性基本上对应街道步行性。

2.4　步行性的价值

人类生来就是步行的动物,每个人都需要步行。步行是重要的交通方式,任何其他交通方式都需要步行连接。步行为人们提供了锻炼和放松的机会,有益于身体和心理健康,因此有益于步行的环境也有益于人。良好的步行性有非常多的益处,包括提供基本的移动性、减少出行费用、降低社会总成本(负外部效应)、促进高效的土地利用、提升社区的宜居性、增进公共健康、促进经济发展、提升社会公平性[5]。

步行性具有重要的环境价值,步行性的提升能够增加步行和公共交通出行,减少小汽车出行,从而缓解交通拥堵、减少能源消耗、降低空气污染、缓解热岛效应、减少道路和停车设施的土地需求、保留更多的公共空间,最终提升城市的宜居性[17]。

步行性具有重要的经济价值。高步行性的城市由于能够支持人们广泛地面对面交流，在创意生成、创造和知识溢出的创新信息经济背景下更具生产力[18]。美国最适宜步行的大都市比最不适宜步行的大都市多创造了 49% 的人均GDP[19]。步行性会影响房屋等不动产的价值，有研究表明，步行性的提升将带动房产升值。Pivo 和 Fisher 研究发现，步行评分（Walk Score）每提高 10 分能使房产升值 1%～9%[20]。Speck 在他的畅销书《步行城市规则：101 步打造更好场所》中提到一项在丹佛的研究表明，适宜步行邻里中住宅的销售价格比适宜开车邻里中住宅的销售价格高出 150%；另一项在夏洛特的研究表明，步行评分每提高 1 分，可以转化为 2000 美元的房屋价值增长[19]。有研究表明，步行性也会带来商业的升值。经历步行化改造后，奥地利、德国和斯堪的纳维亚的城市中心的营业额上升了 60%，法国城市的商店租金上涨了 10%～20%[21]。步行性也会带动更多就业机会。一项在巴尔的摩的研究表明，与投入在公路上的投资相比，在步行设施上的投资会增加 57% 的就业岗位，在自行车设施上的投资会增加 100% 的就业岗位[19]。步行性还会影响居民的交通支出。McCann研究发现，居住在机动车导向的社区中的居民在交通上的花费要比居住在拥有良好的土地利用可达性和多模式交通系统支持的社区中的居民花费多 50%，分别为每年 8500 美元和每年 5500 美元[22]。

步行性具有重要的社会价值。街道是城市中居民与所居住的社区交互的公共空间，安全、有吸引力、适宜步行的街道会提升社区的宜居性[23]。与居住在机动车流量较小的街道周围居民相比，居住在机动车流量较大的街道周围居民认识邻居的可能性更低，对社区环境也更加漠然[24]。步行给居民创造了更多停下脚步与其他步行者或者经营、服务人员交流的机会，从而增强居民的社区意识，有利于社会资本的积累。一项在爱尔兰戈尔韦的研究表明，居住在有良好步行性的社区中的居民有更多的社会资本，更有可能认识他们的邻居、积极参政、信任他人、具有较高的社会参与度[25]。对于儿童来说，街道和社区是他们理想的交往和活动场所，也是儿童最初认识社会的场所，儿童能够自由、安全和快乐地在具有良好步行性的社区或街道上玩耍，而不单单在公园里[26]。

步行性具有重要的健康价值。步行是最方便和经济的锻炼方式，可以减轻压力，改善心血管功能，降低患慢性疾病的风险，特别是高血压、2 型糖尿病、哮喘等，也可以强壮骨骼、控制体重、提高身体灵活度。居民健康水平的提升能够降低政府在公共医疗上的投入。世界卫生组织鼓励人们将步行作为一种体育活动。研究发现,有足够的体育活动能降低人 20%～30% 的死亡风险。Morabia 和 Costanza 发现每天 30min 的步行或骑车等中等强度运动,就能满足长期健康的运动所需;每天 15min 的中速或快速行走,或者 30min 的慢速行走,可以预防体重增加[27]。步行对心理健康也至关重要。散步可以使患痴呆症的风险下降 4%,每周步行 10km 以上可以预防脑萎缩[21]。一些公共健康领域的研究认为,肥胖等健康问题也可通过步行社区的建设得到有效抑制[28]。McCann 和 Ewing 对建成环境和公共健康的研究发现,建成环境与体育锻炼形式和健康状况之间存在关联。这项研究使用了 20 多万人健康状况数据和他们所居住的 448 个县和 83 个大都市区建成环境数据。通过将居住区根据居住密度、土地混合利用度、开发集中度、街道可达性等因素制定的"都市区蔓延指数"进行分类,发现蔓延发展地区的居民步行更少、体重增长更快、更容易患高血压。最蔓延地区的居民比最集聚地区的居民的体重平均重 6.3 磅(2.9kg,1 磅 $\approx$ 0.454kg)[29]。Saelens 等对美国加州圣地亚哥的街区按照步行性等级进行了分类,进而研究建成环境和肥胖之间的关系。步行性等级考虑了密度、土地混合度、可达性、街道连通性、步行和自行车设施、街道美学、交通状况、犯罪率等多种因素。研究发现,居住在步行性较高的街区中的居民 1 周中人均锻炼时长大于 70min,且肥胖者较少;居住在步行性较低的街区中的居民 60% 超重[30]。Althoff 等分析了智能手机 APP 记录的居民步行步数对肥胖率的影响,研究范围覆盖全世界 46 个国家或地区,发表在 *Nature* 上[31]。研究发现国家居民平均步行步数与国家肥胖率显著相关[图 2.3(a)],而活动不均等性(国家居民步行步数的基尼系数)与国家肥胖率的相关性更高[图 2.3(b)],这一结论对于不同性别、年龄、收入水平的群体都成立。他们进一步分析了美国 69 个城市的步行性与活动不均等性的相关性,发现两者呈现显著负相关(图 2.4)。

  基于以上种种研究,将步行性的价值分为直接影响和间接影响、个人层面和社区层面进行总结,如图 2.5 所示。步行性提升对于短期、个人来说,能够使得步行出行数量增加、公共交通出行数量增加、私人小汽车出行数量和距离减少;对于长期、个人(或家庭)来说,能够提升其健康状况,提高生活质量、减少私人小汽车的数量;对于长期、社区(或城市)来说,能够引导土地开发、提升居民健康水平、降低公共医疗投入、缓解交通拥堵、减少交通污染、提升城市的宜居性。

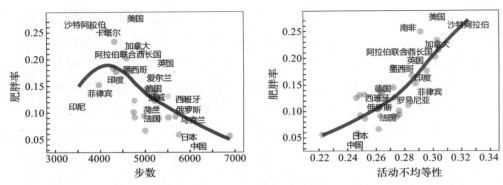

图 2.3　全球部分国家和地区的居民步行步数及活动不均等性与肥胖率的关系[31]

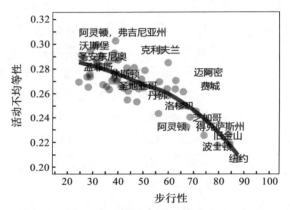

图 2.4　美国部分城市的步行性与活动不均等性的关系[31]

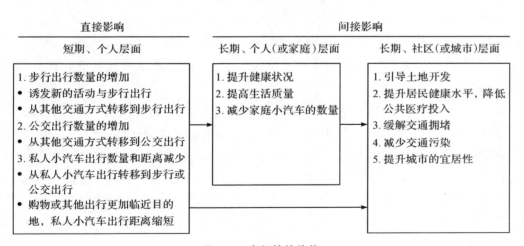

图 2.5　步行性的价值

2.5　小结

本章提出了步行性的定义,研究了步行性与步行者需求层次的关系及步行性的价值。使用基于"构造概念"的定义方法,将步行性的定义分为概念上的定义和操作上的定义。根据定义尺度的不同,将步行性分为城市步行性与街道步行性。城市步行性概念上定义为"建成环境支持步行的程度",操作上的定义则需要通过研究将城市步行性分解为一系列相关的并且能支持步行的建成环境因素。街道步行性概念上定义为"街道环境利于步行的程度",操作上的定义则需要通过研究将街道步行性分解为一系列相关的并且能利于步行的街道环境因素。基于马斯洛需求层次理论,将步行者需求层次分为可行性、可达性、安全性、舒适性、愉悦性,提出了各个步行者需求层次的影响因素、潜在的建模变量、与城市步行性和街道步行性的对应关系。最后根据国外的研究成果对步行性的价值进行了阐述。

参考文献

[1] 索斯沃斯,许俊萍.设计步行城市[J].国际城市规划,2012(5):54-64.

[2] Habibian M, Hosseinzadeh A. Walkability index across trip purposes[J]. Sustainable Cities and Society, 2018, 42: 216-225.

[3] Ewing R, Handy S, Brownson R C, et al. Identifying and measuring urban design qualities related to walkability[J]. Journal of Physical Activity and Health, 2006, 3(1): S223-S240.

[4] Litman T A. Economic value of walkability[J]. Journal of the Transportation Research Board, 2003, 1828: 3-11.

[5] Manaugh K, El-Geneidy A. Validating walkability indices: how do different households respond to the walkability of their neighborhood? [J]. Transportation Research Part D: Transport and Environment, 2011, 16(4): 309-315.

[6] Gehrke S R. A review of walkability measures and the proposal of a standardized classification scheme[C]. Washington DC: Transportation Research Board 91st Annual Meeting, 2012.

[7] 李怀敏.从"威尼斯步行"到"一平方英里地图"——对城市公共空间网络可步行性的探讨[J].规划师,2007(4):21-26.

[8] 谢小庆.关于 construct 的译法[J].心理学探新,2001,21(1):64.

［9］Construct（philosophy）［EB/OL］.［2021-10-13］. http：//en. wikipedia. org/wiki/ Construct_（philosophy）.

［10］Aneshensel C S. Theory-based data analysis for the social sciences［M］. Pine Forge： Pine Forge Press，2002.

［11］Komanoff C，Roelofs C. The environmental benefits of bicycling and walking［R］. Washington DC：Federal Highway Administration，1993.

［12］Handy S L. Urban form and pedestrian choices：study of Austin neighborhoods［J］. Journal of the Transportation Research Board，1996，1552：135-144.

［13］Westerdijk P K. Pedestrian and pedal cyclist route choice criteria［R］. Groningen： Traffic Research Center，1990.

［14］Jaskiewicz F. Pedestrian level of service based on trip quality［C］//TRB Circular E-C019：Urban Street Symposium，2000.

［15］卢银桃,王德.美国步行性测度研究进展及其启示[J].国际城市规划,2012(1):10-15.

［16］Handy S. Methodologies for exploring the link between urban form and travel behavior ［J］. Transportation Research Part D：Transport and Environment，1996，1（2）： 151-165.

［17］Ewing R，Cervero R. Travel and the built environment：a meta-analysis［J］. Journal of the American Planning Association，2010，76（3）：265-294.

［18］Storper M，Venables A J. Buzz：face-to-face contact and the urban economy［J］. Journal of Economic Geography，2004，4（4）：351-370.

［19］Speck J. Walkable city rules：101 steps to making better places［M］. St. Louis：Island Press，2018.

［20］Pivo G，Fisher J D. The walkability premium in commercial real estate investments ［J］. Real Estate Economics，2011，39（2）：185-219.

［21］Soni N，Soni N. Benefits of pedestrianization and warrants to pedestrianize an area［J］. Land Use Policy，2016，57：139-150.

［22］McCann B. Driven to spend：the impact of sprawl on household transportation expenses［R］.［S. l.］：Surface Transportation Policy Project，2000.

［23］Forkenbrock D J，Benshoff S，Weisbrod G E. Assessing the social and economic effects of transportation projects［M］. Washington DC：Transportation Research Board，2001.

［24］Appleyard D. Livable streets：protected neighborhoods？［J］. The Annals of the American Academy of Political and Social Science，1980，451（1）：106-117.

［25］Leyden K M. Social capital and the built environment：the importance of walkable neighborhoods［J］. Am J Public Health，2003，93（9）：1546-1551.

［26］雅各布斯.美国大城市的死与生(纪念版)[M].金衡山,译.南京:译林出版社,2006.

[27] Morabia A，Costanza M C. Does walking 15 minutes per day keep the obesity epidemic away? Simulation of the efficacy of a population-wide campaign[J]. American Journal of Public Health，2004，94(3)：437.

[28] Smith K R，Brown B B，Yamada I，et al. Walkability and body mass index：density，design，and new diversity measures[J]. American Journal of Preventive Medicine，2008，35(3)：237-244.

[29] McCann B A，Ewing R. Measuring the health effects of sprawl：a national analysis of physical activity，obesity and chronic disease[R]. Washington DC：Smart Growth America，2003.

[30] Saelens B E，Sallis J F，Black J B，et al. Neighborhood-based differences in physical activity：an environment scale evaluation[J]. American Journal of Public Health，2003，93(9)：1552-1558.

[31] Althoff T，Sosič R，Hicks J L，et al. Large-scale physical activity data reveal worldwide activity inequality[J]. Nature，2017，547(7663)：336-339.

第三章 城市步行性与居民步行出行特征分析

研究构成城市步行性的建成环境因素及城市步行性对居民出行行为的影响需要 2 部分数据,即表征建成环境的数据和表征出行行为的数据。本章首先阐述城市步行性的构成要素,进而分析居民出行特征。

3.1 城市步行性的影响因素综述

建成环境是城市空间中所有活动、服务和设施的物质支持。许多城市空间或社会研究的知名学者探讨了建成环境对步行的影响。19 世纪中叶,Cerdà 提出了一个基于社会空间调查、形态分析和城市观察的城市理论,认为城市是具有协同关系的复杂移动经济体,其中密度、功能混合和街道网络是关键组成部分[1]。雅各布斯在她的著作《美国大城市的死与生》中通过描述"集中的需要""混合主要用途""小街区",确立了密度、混合度和渗透性这 3 个因素是城市运作的核心,这已成为主流城市设计理论的一部分[2]。雅各布斯并不是研究步行性,而是把步行城市的价值视为不容忽视的,从而阐述了使其发挥作用的原则。这些原则很大程度上来自她对自己居住的纽约格林尼治村日常城市生活的详细观察。尽管她只详细观察了一个城市,但她认为她的工作是归纳性的,而不是演绎性的,是从城市的具体情况到普遍原则的推理,因此这些原则不仅仅适用于纽约。Hillier 等介绍了空间句法理论,并从空间语境中考察了人的行为。他讨论了建筑或街区形态与步行流量之间的关系,并主要使用社会空间方法探讨空间尺度与人的行为的关系。此外,他引入了空间句法、吸引理论、自然运动和乘数效应等理论来解释这种关系,这些理论均聚焦于城市空间布局和土地利用对步行流量的影响[3]。Speck 提出了打造更好场所的 101 个步骤,并介绍了一些步行城市。他提出的步骤包括混合使用、适当的停车、高效的公交、安全、优化的车行网络、合适的车道、适当的道路几何设计、合适的交叉口、合适的人行道、舒适的空间、有趣的场所等[4]。Lynch 提出了视觉方法和社会方法 2 种研究城市地区的方法。视觉方法引入了路径、区域、边缘、地标和节点等 5 个影响步行者对环境感知的视觉元素[5]。社会方法将活力、感觉、适应、接近、控制、效率和公正作为改善城市生活的方面[6]。

城市步行性的研究广泛集中于健康或交通领域,对这些领域的研究来说,要将建成环境简化为一个或几个量化的指标[7],如果某些建成环境指标可以被证明与更多的步行活动存在相关或因果关系,那么就可以用它们定义步行性。描述建成环境的指标非常多,其中最经典、使用最广泛的是在 20 世纪 90 年代由 Cervero 和 Kockelman 提出的 3D 指标,即人口与就业密度(Density)、土地利用多样性(Diversity)、街道连通度和环境设计(Design)[7],在 21 世纪初由 Ewing 和 Cervero 进一步扩展成 5D 指标,即加入了离公共交通站点的距离(Distance)、目的地可达性(Destination)[8]。近年来,Dovery 和 Pafka 提出了 DMA 指标,即密度(Density)、混合度(Mix)、可达性(Access)[9]。尽管 3D、5D 和 DMA 等指标的提法各有异同,但内涵差异不大。比如 DMA 中的混合度实际等同于 3D 或 5D 中的多样性;DMA 中的可达性实际上包含 3D 中的街道连通度,也包含 5D 中的离公共交通站点的距离和目的地可达性等。以下采用 DMA 分类框架,分别论述密度、混合度、可达性对步行出行的影响。

密度是指一个区域内土地利用的集中程度,主要通过居住或人口密度等客观指标来描述。研究表明,高居住或人口密度通常与步行和体力活动显著相关[10,11],因为居住或人口密度高的地区不仅能吸引零售和服务,也能减少住宅和目的地之间的出行时间[12]。当然,也有研究发现了不一致的结论。Pouliou 等在加拿大温哥华的研究发现体力活动和居住密度呈现负相关,他们认为是个人年龄和性别的原因[13]。Kenyon 和 Pearce 在英国的研究发现,街道连接性和目的地可达性相比居住密度较高的地区更有利于步行[14]。公园、学校、商店和服务等便利设施的密度也被广泛用于描述密度指标。有研究发现具有较高便利设施密度的区域更有利于步行和体力活动[15]。然而,也有研究发现,便利设施密度与步行的关系较弱,因为这一属性可能忽略了便利设施的质量[16]。

混合度是指一个地区内土地利用的混合程度,通常用熵或比例等客观指标来描述。熵是取值为 0(表征单一用途)到 1(表征均等混合用途)的小数,表征土地利用的混合程度。其他指标包括地区内特定土地利用的百分比和数量。研究中使用的土地利用数量和类型各有不同,其中常用的有住宅、零售、娱乐、办公、机构等 5 类用途[17],也有研究使用少至 3 类、多至十几类的用途[18]。诸多研究表明,混合土地利用通过提供非居住的活动(商店、餐厅、办公、银行等)与步行友好的环境和更高水平的体力活动相关[10],也和步行相关[19]。然而也有研究发现了不一致的结论,Liao 等在荷兰的研究发现混合土地利用与步行呈现负相关[20]。

可达性反映了便利设施和公共交通的距离或接近程度。到便利设施的距离是最常用的指标。用设施与特定地点(如住宅和学校)之间的网络距离衡量。便利设施的可达与较少久坐的生活方式和较高水平的体力活动相关[21]。然而也有研究发现了不一致的结论,Kerr 等发现公园的距离与步行和体力活动无关[22];Talen 和 Koschinsky 认为由于受年龄和收入等个人社会经济属性的影响,邻近便利设施并不总意味着有机会使用[23]。接近公共交通的程度也经常被使用。研究普遍认为,到车站的距离越短,步行活动越多,人们更有可能步行到公交车站[24,25]。然而,距离不是使用公共交通的唯一关键因素。An 等研究表明,一个地区的公共交通站点的数量比到公共交通站点的距离更重要[26]。诸多研究通过公共交通站点的密度来衡量公共交通的可达性,发现公共交通站点密度高的区域步行人数更多[15]。除上述指标之外,到停车场、市中心和其他城市景点(如海岸)的可达性使用较少,大多数研究者认为这些因素对步行性没有决定性影响。

影响可达性的还有街道网络连接性,即目的地之间的直达性和替代路线可用性。相互连接的街道提供了更多潜在的步行路径和更短的目的地距离,能提高步行性。街道连接性通常由交叉口密度和街道密度等可测量的街道网络指标来描述[27]。交叉口密度通常用单位面积地区中三肢及以上的交叉口的数量来衡量,但也有研究用单位面积地区中所有交叉口的数量来衡量。诸多研究表明交叉口密度与步行和体力活动密切相关[15]。街道密度是单位面积地区中街道的总长度。其中一些研究发现较高街道密度能促进步行[28],但也有其他研究表明街道密度对步行影响较小。Tamura 等发现街道密度高的区域体力活动水平较低,认为人们倾向于不在交叉口多的区域行走[29]。Sehatzadeh 等发现街道密度对步行没有显著影响[30]。还有一些研究认为,应通过真实的步行网络来分析连接性,而不是使用街道或道路网络[27]。因为使用街道或道路网络不但忽略了一些路线不适合步行的事实,也忽略了人行天桥和公园游径等主要供行人使用的非正式路径[31],因此,一些研究通过分析特定点之间步行路径的连续性和直达性来评估步行网络。然而,由于获得详细的步行网络数据存在困难,这些研究数量较少。另外一些研究还评估了街道网络是如何整合的,即街道的拓扑表现。街道整合度高,意味着其通过网络内的其他街道到达目的地需要较少的转向。McCormack 等使用空间句法来测量街道整合度,发现拓扑距离和步行交通呈正相关[32]。然而,当应用于小而密集的区域时,整合度与连接性和步行联系较弱,因为在这些区域转向是平常的[27]。除了上述指标外,还有一些研究采用街区长度、路段与节点比例、断头路或 T 形交叉口的密度等指标。

3.2　城市步行性指标设计

从上述文献可以看出,城市步行性是多维的,密度、混合度和可达性被认为是关键因素。尽管密度、混合度、可达性这几个概念每个看起来都是单一的,密度是在步行距离内集中更多的人和功能;混合是在步行距离产生更多的出行目的地;可达性则影响与目的地之间的步行联系。然而,密度、混合度和可达性需要相互协同,才能共同发挥最大效用。

本书将城市步行性定义为"建成环境支持步行的程度",尽管建成环境研究的尺度可以大到整个城市,但与居民日常步行出行最相关的是家庭所在位置周边步行范围内的区域的建成环境特征,因此将城市步行性研究的视角聚焦在以家庭所在位置为中心的 1km 缓冲区。从 3.4 节中居民步行出行起讫点用地类型特征的分析中也可以看出,基于家庭的出行是步行出行的最主要形式,占步行出行总量的 94%。1km 是成年健康人群 10~12min 所能步行的距离。

使用开放数据作为数据源进行计算密度、混合度和可达性,保证研究的可复制性和可移植性。密度和混合度指标采用高德地图 POI(兴趣点,Point of Interest)数据进行计算,POI 数据易于获取且精度高、种类多、覆盖面广,能够在建筑尺度描述城市土地利用,已被证明可以很好地反映社区活力[33]。密度指标采用家庭居住地 800m 半径范围内的住宅类 POI 总量、公司类 POI 总量和商业类 POI 总量表征,其中住宅类、公司类为 POI 的原始分类,商业类为生活、购物、餐饮、教育等 4 类 POI 的原始分类之和。由于不同分类 POI 在总量上存在明显差异,为了建模和分析的便利,使用公式(3.1)对 3 类 POI 总量进行标准化,标准化后每类 POI 密度的最小值为 0,最大值为 1。

$$density_i = \frac{X - \min(X_i)}{\max(X_i) - \min(X_i)} \tag{3.1}$$

式中:$density_i$ 为标准化后的第 i 类 POI 密度;X_i 为第 i 类 POI 总量。

混合度指标基于标准化后的住宅类、公司类、商业类 POI 密度采用公式(3.2)[34]计算。

$$diversity = 1 - \frac{\dfrac{a-b}{d} - \dfrac{a-c}{d}}{2} \quad \begin{cases} a = \max(density_1, density_2, density_3) \\ b = \min(density_1, density_2, density_3) \\ c = \mathrm{mean}(density_1, density_2, density_3) \\ d = \mathrm{sum}(density_1, density_2, density_3) \end{cases}$$

$$\tag{3.2}$$

式中:$diversity$ 为混合度;$density_1$、$density_2$、$density_3$ 分别为标准化后的住宅类、公司类、商业类 POI 密度。

可达性指标用家庭居住地的步行评分(Walk Score)和公共交通站点密度进行描述。Walk Score 是目前世界上最流行的步行评分系统,已在美国、加拿大、澳大利亚、英国、新西兰等国家广泛应用。Walk Score 的核心是步行可达性,即步行潜在可接触机会的大小。Walk Score 的计算基于一个包含设施分类和设施权重的列表,比如便利店、餐馆和酒吧、商店、咖啡厅、银行、公园、学校、书店、娱乐场所等,在分别考虑这些设施的步行距离的基础上,引入街区长度和交叉口密度计算步行衰减效应。Walk Score 考虑了在 TOD(以公共交通为导向的开发,Transit-Oriented Development)的定义中重点关注的步行环境因素,计算中所采用的步行距离、街区长度、交叉口密度等都与设计指标密切相关。研究表明,Walk Score 可以与居民主观认知的步行性很好地吻合[35],也能够与常规方法测量的步行性互相验证[36],在预测步行出行时也非常有效[37]。Walk Score 数据可基于家庭居住地的经纬度通过 walkscore.com[38]网站提供的 API 获取。公共交通站点密度统计了家庭居住地 800m 半径范围内的公共交通站点,并以停靠的公交线路数对公共交通站点赋以权重。

　　将每个家庭所在居住区的空间范围定义为以每个家庭所在位置为圆心的 800m 半径缓冲区,南京居民出行调查记录了被调查家庭详细的空间位置,而不只是标记交通小区,因此基于家庭的空间坐标能够较为精确地测量家庭所在居住区的建成环境特征。表 3.1 对南京居民出行调查中的 1996 个家庭(清理了 11 个没有记录空间坐标的家庭)的建成环境指标进行了描述性统计分析。

表 3.1　南京居住区建成环境指标的描述性统计分析

指标	最小值	最大值	均值	标准差
住宅类 POI 密度/(个/km^2)	0.99	104.45	33.35	24.46
公司类 POI 密度/(个/km^2)	1.99	1158.35	172.23	226.40
商业类 POI 密度/(个/km^2)	4.97	3437.25	643.60	658.37
混合度	0.83	1.00	0.91	0.04
步行评分	11	98	68	17.99
公共交通站点密度/(个/km^2)	0.16	32.45	14.64	7.20

　　上述建成环境变量都是使用基于家庭位置的地理信息数据计算的,这些变量本身可能存在相关性,因此在建模前,先对这些变量进行 z-score 标准化后,再进行线性相关性检验。

$$X' = \frac{X - \mathrm{MEAN}(\vec{X})}{\mathrm{SD}(\vec{X})} \tag{3.3}$$

式中:X' 为标准化后的变量;X 为标准化前的变量;$\vec{X}$ 为标准化前的变量;MEAN 为均值函数;SD 为标准差函数。

　　图 3.1 为这些变量两两之间的相关性图,其中对角线元素为变量直方图,下三角元素为变量两两间散点图,上三角元素为变量两两间相关性值,正数为正相关,负数为负相关。6 个变量可以得到 15 组相关性,均大于 0.5,表明这些变量之间呈高度正相关。其中相关性最高的变量是商业类 POI 密度与公司类 POI 密度、商业类 POI 密度与住宅类 POI 密度,均大于 0.9。相关性最低的是公司类 POI 密度与公共交通站点密度、混合度和步行评分、混合度和公共交通站点密度,略大于 0.5。

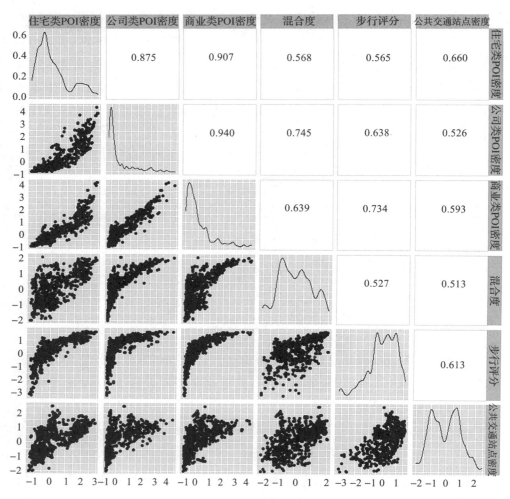

图 3.1　步行性特征的相关性图

注：住宅类 POI 密度、公司类 POI 密度、商业类 POI 密度、公共交通站点密度单位为个/km²。

3.3　城市步行性特征分析

　　南京 2012 年居民出行调查数据最初被用于编制南京交通发展年报，由于调查覆盖的地域范围较大且抽样率较小，因此被调查家庭的分布非常稀疏。如果从中直接选取一些街区进行研究，每一个街区往往只有几个或几十个样本，无法覆盖不同社会经济属性和交通出行倾向的居民。因此，将家庭居住地按照建成环境进行分层聚类,得到空间上分散但建成环境特征类似的几类居住地,最后基于聚类后的居住地开展出行模式的分析。

聚类分析通常泛指一系列在数据中找到潜在分类的方法。最常用的 2 种聚类方法是 K 均值聚类和分层聚类。K 均值聚类将数据按照 1 个预先设定好的分类数进行聚类。分层聚类并不需要事先给定分类数,其最终得到的结果是 1 个分类树状图,可以根据实际需要,灵活选择分类数或分类高度[40]。本研究使用分层聚类方法对居住区进行聚类。

分层聚类程序执行的基本思路是对于 n 个样本,分为以下几步。①将每个样本作为 1 类,计算 n 个样本之间的 $n×n$ 距离矩阵;②取距离最短的 2 个样本合并为 1 个新类;③计算此新类与其他样本的距离,产生$(n-1)×(n-1)$距离矩阵;④取新距离矩阵中距离最短的 2 个样本再合并为 1 个新类;⑤依次循环,直到最后只有 1 类。由于分层聚类是比较常用的聚类方法,其聚类的算法并不在本研究中阐述,可查阅文献[39]。距离矩阵计算采用常规的欧式距离。

在城市步行性特征分析中,排除了居住在地铁站 1km 半径范围内的受访者,主要出于避免地铁站对出行行为影响的考虑。经过数据清理,共筛选出 1332 个家庭的 3698 名居民的 9270 条出行记录。将这些居民根据 6 个建成环境指标进行分层聚类,得到系统树状图。图中每一个枝叶代表一个家庭,随着高度的增加,一些枝叶聚合成分枝。选择在高度为 6 处切割系统树状图,得到 4 个分组。需要说明的是,切割的高度取决于实际需要,如果需要更多分组,则可以在更低的高度进行切割,比如在高度为 5 处切割系统树状图,可以得到 6 个分组。

进一步探寻不同类别的居住区在空间上的分布状况,图 3.2 将 4 类居住区分别在空间上落点,尽管聚类中并没有使用任何涉及空间坐标或者空间距离的变量,但从图中可以明显地看到 4 个分组在空间上的分布有明显的区位特征。到市中心的平均距离按分组 1、2、3、4 的顺序增加(分别为 2.60km、5.46km、9.76km 和 13.16km)。

将 4 类居住区的建成环境指标的均值作克利夫兰图,可以清晰地看到居住区的建成环境特征存在显著差异,如图 3.3 所示,图右侧标示了分组编号和所包含的家庭数量。总体上来说,6 个建成环境指标的城市步行性在 4 个分组间依次下降。分组 1 大多位于老城内,这类区域保留着传统的高密度的

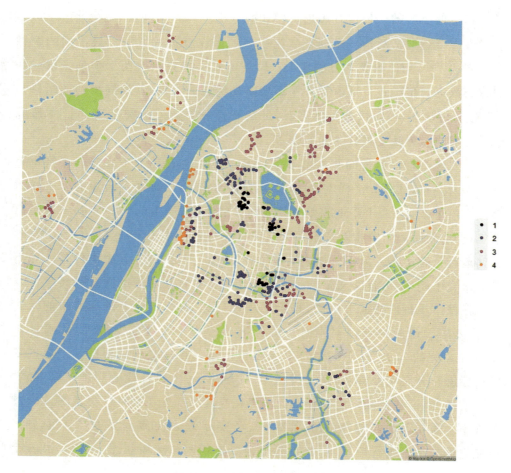

图 3.2 4 类居住区空间分布图

街巷体系和功能混合的用地特征,配套大量生活服务设施,同时居住和就业也非常密集,公共交通可达性很好。而分组 4 都在主城区最外围,这类区域主要呈现大街区、宽马路、集中或内向式的商业配套等特征,通过围墙或绿化方式形成较大型的封闭住区,公共交通可达性较低。从分组 1 到分组 4,建成环境从具有传统街道网格、高可达性的高密度和混合型土地利用变为具有大街区、宽道路和低公共交通可达性的低密度和单一土地利用。通常认为这些指标越高,城市步行性越好,因此可以认为从分组 1 到分组 4,城市步行性是依次降低的。

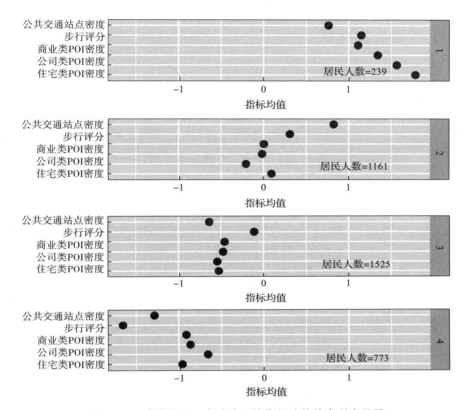

图 3.3 4 类居住区 6 个建成环境指标均值的克利夫兰图

3.4 居民步行出行特征分析

居民步行出行特征分析采用南京 2012 年居民出行调查数据。该调查数据样本量为 2007 个家庭(5974 个居民)共计 15188 条出行记录。数据字段包括家庭私人小汽车拥有数、家庭年收入、家庭所在的交通小区等家庭属性,性别、年龄、职业、受教育程度、是否持有驾照、是否持有公交车卡等个人属性,以及出发时间、到达时间、出行目的、出行方式、出行起讫点等出行属性。

居民出行调查原始数据中共有 15188 条出行记录,因此人均出行次数为 2.54 次。由于部分出行记录存在出发地、目的地、交通方式等字段信息缺失或者错误的情况(比如出行目的地的交通小区编号实际上不存在),对这些出行记录进行删除,最终剩余 14731 条出行记录(占原始数据的 97.4%)用以开展居民步行出行特征的分析。

3.4.1 交通方式特征

居民出行调查中共记录有 11 种交通方式,分别为步行、自行车、电动自行车或助力车、公交车、地铁、私人小汽车、出租车、摩托车、单位小汽车、单位班车或小区巴士、其他。本研究由于聚焦步行出行特征,因此主要关注与步行交通存在合作或竞争关系且所占比重较大的方式(比如非机动车、公共交通、私人小汽车等)。为了方便统计分析和可视化,需要合并一些出行比例较小的交通方式(比如摩托车、出租车、单位小汽车等)。将 11 种交通方式整合为 5 类:步行,非机动车(对应原始调查中的自行车、电动自行车、助力车),公共交通(对应原始调查中的公交车、地铁),私人小汽车,其他(对应原始调查中的出租车、摩托车、单位小汽车、单位班车或小区巴士、其他)。

首先统计交通方式的分担率,如图 3.4 所示,步行分担率为 25.8%,低于非机动车的 33.2%,高于其他所有交通方式。可见步行在南京居民的出行方式中占有重要的地位。

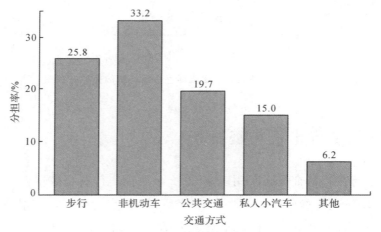

图 3.4 不同交通方式分担率

然后,按照出行目的分类进一步对交通方式分担率进行统计。按照城市交通模型中常用的出行目的分类,将原始居民出行调查中 9 种出行目的整合为 6 类,分别为上班、上学、公务、购物、回程、其他。除"其他"类出行目的对应原始居民出行调查中的休闲娱乐、探亲访友、看病、其他等 4 种出行目的,其余 5 类出行目的均与原始居民出行调查中的出行目的一一对应。图 3.5 为按照出行目的分类的交通方式分担率,设图中全部出行记录为 100%,绘图时首先计算不同出行目的所占的比例,进而对每一类出行目的计算不同交通方式所占的比例。这样不仅可以进行某一出行目的下所有交通方式分担率的组内对比,也可以对各类交通方式进行跨出行目的的组间对比。由于回程出行比较特殊,基本上是其余5类出行目的的逆向出行,因此其交通方式分担率与其余5类出行目的交通方式分担率的总和存在很大的关联性,所以下述分析只针对上班、上学、公务、购物、其他等出行目的展开。

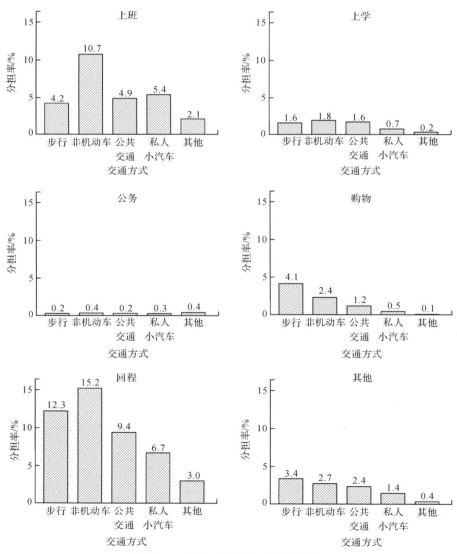

图 3.5　6 类出行目的的交通方式分担率

首先进行组内对比分析，可以看出步行在服务不同出行目的时所占的比例存在较大差异。购物目的中，步行比例最高，约占同组内所有交通方式的 1/2；其他目的中，步行比例次之，约占同组内所有交通方式的 1/3；上学目的中，步行比例约占同组内所有交通方式的 1/4；上班目的中，步行比例最低，仅占同组内所有交通方式的 1/6。

然后进行组间对比分析，可以看出不同出行目的的步行类的绝对数量。由于上班出行在所有出行目的中所占比例最高，所以尽管其步行分担率较低，但步行上班出行在绝对数量上仍然是最高的，占所有出行交通方式的 4.2%。购物、其他目的虽然在所有出行目的中所占比例小于上班目的，但是由于其步行分担率最高，因此步行购物、其他出行绝对数量也非常高，分别占所有交通方式的 4.1% 与 3.4%。之后则依次为步行上学出行（1.6%），步行公务出行（0.2%）。

3.4.2 出发时间特征

将不同交通方式的出行记录按照出发时间（以 1h 为间隔）作概率分布图并估计核密度曲线，可以得到不同交通方式的出发时间分布状况（图 3.6）。由于其他交通方式为多种小比例交通方式的组合，分析其出发时间特征的意义不大，因此图 3.6 并没有包含其他交通方式。

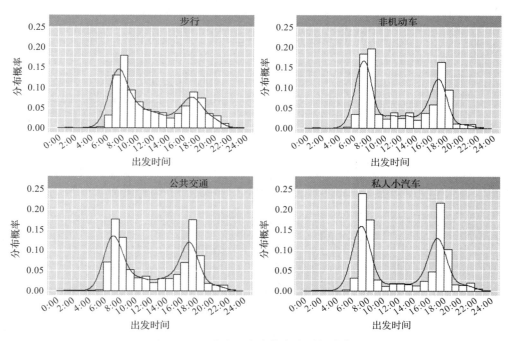

图 3.6　4 种交通方式的出发时间分布

　　总体上来看,步行出发时间存在明显的早、晚高峰特征,早高峰比晚高峰更加突出,这符合出发时间分布的一般规律。由于上班(或上学)与下班(或放学)相比,有明显的到达时间限制,因此早高峰出行更加集中。与另外 3 种交通方式进行对比,可以看到步行尽管存在明显的早、晚高峰,但早、晚高峰并没有其他 3 种交通方式突出。很多居民尽管使用非机动车、公共交通、私人小汽车等交通方式通勤,但上班和上学期间,在单位或学校的出行中,仍然会使用步行出行,比如中午外出就餐,尤其是使用私人小汽车通勤的居民(其早、晚高峰特征在所有交通方式中最为突出)。城市步行出行量最大的时间段是 7:00—9:00,其次是 17:00—19:00,中午和晚上步行出行量大致相同,21:00 至次日 6:00 步行出行量最小。

3.4.3　出行时耗特征

　　由于出行记录中包含出发时间和到达时间,将到达时间与出发时间相减,可以得到出行时耗。出行时耗为连续变量,对连续变量通常采用均值描述其中心性,但考虑到出行时耗存在一些极端大值的情况,采用均值描述可能会产生一定偏差,因此采用中位数描述出行时耗的中心性,即将出行时耗从小到大进行排序,排名位于中位数的出行时耗为出行时耗均值。计算得出不同交通方式出行时耗中位数分别为步行 15min,非机动车 20min,公共交通 45min,私人小汽车 30mim,其他 30min,步行出行时耗在所有交通方式中最小。

　　以 10min 为间隔,统计不同交通方式出行时耗的分布规律,得到图 3.7(这里同样忽略其他交通方式)。从图中可以看出,步行出行时耗绝大多数小于 30min,非机动车出行时耗绝大多数小于 40min,公共交通出行时耗绝大多数为 21~60min,私人小汽车出行时耗则在 1h 内均有分布,但以 11~30min 占比最大。

　　Zhang 等人统计了 24 个国内城市共 30 组的出行频率和出行时耗数据(其中 6 个城市有 2 个年度的数据),数据大多源自城市综合交通规划报告或交通发展年报[40]。可以提取其中的步行出行频率和步行出行时耗数据用以城市间的对比分析。删除部分缺失步行出行频率或步行出行时耗记录的城市,最终得到 20 个城市共 25 组数据,其中也包括南京 2007 年的数据。将南京 2012 年居民出行调查的步行出行时耗数据与 Zhang 等人统计的 25 组步行出行时耗数据

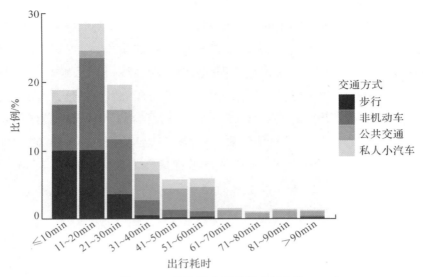

图 3.7　4 种交通方式出行时耗占比

进行对比,由于 25 组数据中对出行时耗中心性的描述均为均值,因此对南京 2012 年步行出行时耗中心性也用均值进行描述。Zhang 等人统计的 25 组步行出行时耗的均值为 17.29min,略低于南京的 18.15min。

　　通常认为交通方式的出行时耗与城市建成区面积有关联,因此将上述步行出行时耗数据与对应年份的城市建成区面积作散点图,如图 3.8 所示。从图中可以看到步行出行时耗并不是随着建成区面积增长而呈线性增加的。图中曲线为采用局部多项式回归对散点分布进行拟合的 loess 曲线。曲线周围阴影部分为拟合曲线 95% 的置信区间,可以看到超过 70% 的散点落在置信区间之内。通过 loess 曲线可以非常清楚地看到,建成区面积在 $0 \sim 280 \mathrm{km}^2$ 时,随着面积增大,步行出行时耗增加;当建成区面积超过 $280 \mathrm{km}^2$ 时,随着面积增大,步行出行时耗反而减小。可以理解为当城市规模较小时,出行起讫点在空间上相对集中,因此步行出行时耗较短;随着城市规模的增大,出行起讫点在空间上趋于分散,因此步行出行时耗也相应增加;当城市规模超过一定阈值时,出行起讫点在空间上并不会无限分散,同时其他交通方式服务水平的提高也会促使居民在潜在步行出行时耗较长的情况下选择其他交通方式。

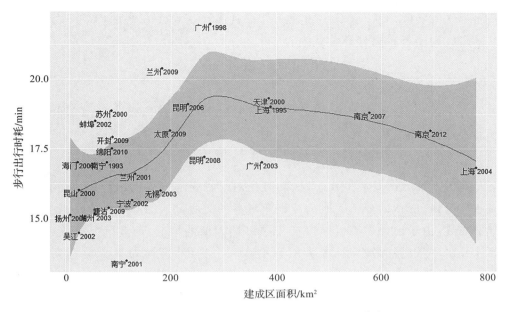

图 3.8　步行出行时耗与城市建成区面积关联[40]

3.4.4　出行距离特征

1. 出行距离计算方法

　　南京居民出行调查采用的是传统的基于交通小区的出行调查方式,每一条出行记录的起讫点采用交通小区编号表示。按照起讫点是否相同,可以将出行记录分为区内出行和区外出行。出行记录中,共有 3162 条区内出行记录、11569 条区外出行记录。区内出行占总出行的比例为 21.5%,此出行比例与发达国家城市的居民出行调查数据相比偏高(通常为 10% 左右[41])。这是由于调查抽样率较低,为保证较低的抽样率对交通小区的居民出行特征具有代表性,交通小区必须有较大面积(同样的抽样率条件下,交通小区越大,则每个交通小区所包含的样本量越多),而交通小区面积较大是造成区内出行比例偏高的原因。由于区内出行起讫点均为同一小区的形心点,因此在分析和建模中均无法准确估计该次出行的出行距离。由于区内出行的出行距离通常较短,因此区内出行中机动车交通所占比例较低,对机动车交通的分析与建模影响不大;但区内出行中步行交通所占比例非常高,因此在分析步行出行时需要谨慎处理区内出行交通。

　　国外有一些研究对如何处理区内出行进行了探讨[41-43]。本研究根据南京

交通小区的实际形状,假设小区为正方形且出行起讫点在小区内均匀分布,可以得出区内出行距离计算公式为:

$$区内出行距离 = \sqrt{area/6} \qquad (3.3)$$

式中:area 为小区面积。

对于区外出行,使用 ArcGIS 中网络分析工具计算出行起讫点(即交通小区形心点)间的最短路径长度。

2. 出行距离分析

基于上述方法计算的出行距离,首先对每种交通方式的出行距离特征进行描述性统计分析,如表 3.2 所示。表中对各种交通方式的 6 项基本统计特征进行了描述,由于出行距离可能存在一些极端大值的情况,因此除了传统描述性统计分析中常用的最小值、最大值和均值 3 个指标,还增加了 25% 位数、中位数、75% 位数等指标。步行出行的 25% 位数为 462m,中位数为 858m,75% 位数为 1581m,步行出行距离与非机动车、公共交通、私人小汽车出行距离相比,大约存在 1.0 : 2.5 : 6.5 : 6.0 的关系,这也反映这几种交通方式在城市交通系统中承担的不同作用。

表 3.2　不同交通方式的出行距离特征统计　　　单位:m

交通方式	最小值	25% 位数	中位数	均值	75% 位数	最大值
步行	199	462	858	1415	1581	43900
非机动车	234	1220	2318	3126	4092	44910
公共交通	228	3268	5514	7048	9343	48160
私人小汽车	231	2620	4974	6928	8758	85900
其他	235	2844	5614	8879	13390	85900
总计	199	1087	2609	4387	5541	85900

对全方式的出行距离按 200m 为单位进行分段,作概率分布图,并估计其核密度曲线,如图 3.9 所示。为了更好地展现出行距离分布状况,图中将 X 坐标的范围限定为 0~20km,忽略了少量超过 20km 的出行。从总体的出行距离分布的情况来看,1km 内的出行(如采用步行,步行时间约为 12min)约占总体出行的 22.6%,2km 内的出行(如采用步行,步行时间约为 25min)约占总体出行的 40.7%。因此有 63.3% 的出行是在理想的步行出行距离内产生的。

进一步分析每种交通方式的出行距离分布,如图 3.10 所示。步行交通在约 600m 处存在明显的峰值。非机动车交通峰值约在 1.2km 处,但与步行交通

48

相比，峰态并不明显。公共交通和私人小汽车的出行距离分布则比较均匀。私人小汽车在小于 2km 的短距离出行中所占比例要比公共交通在同出行距离段中所占比例高，在有合适步行环境支持下，此出行距离段，步行可能成为私人小汽车出行潜在的替代交通方式。从图 3.10 中也可以看出，有 25% 的私人小汽车出行都小于 2.6km。而公共交通和步行的出行距离则存在互补性。

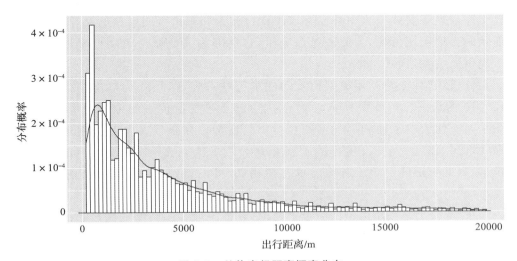

图 3.9　总体出行距离概率分布

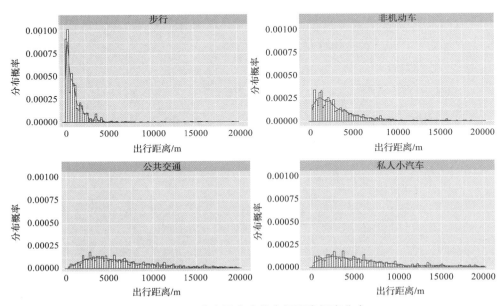

图 3.10　4 种交通方式的出行距离概率分布

3.4.5 出行起讫点的用地类型特征

居民出行调查中还记录了每条出行的起讫点的土地利用类型,共 10 种,包括住宅、学校、办公场所、商业金融、文化娱乐、体育运动、医疗卫生、工厂工地、公园绿地和其他。基于该数据,可以对步行出行所连接的土地利用类型进行分析,了解不同土地利用类型之间的步行联系强度特征。由于很多城市在开展步行交通规划等实践项目中并没有居民出行调查和城市交通模型的支撑,而仅有现状的土地利用情况,因此通过该分析,也能够为其他城市的步行交通需求分析提供一些参考。

分析 10 种土地利用类型相互间的步行联系强度,最终的输出结果是一个 10×10 的矩阵。矩阵中每一个单元格为,起点是行所代表的土地利用类型、终点是列所代表的土地利用类型的步行出行次数。如果仅关注 2 类用地的联系强度,比如住宅—学校和学校—住宅的出行均反映学校和住宅 2 类用地性质的联系,因此将矩阵对角线对称的单元格相加,可以得到含有对角线元素的上三角阵(或下三角阵)。

在 55 种土地利用类型的组合中,仅有 6 种土地利用类型的组合超过步行出行总量的 2%。按照数量从大到小排列,依次为办公场所—居住、商业金融—居住、其他—居住、学校—居住、公园绿地—居住、文化娱乐—居住,如图 3.11 所示。这 6 种土地利用类型的组合的步行出行量占所有步行出行量的 89.1%。这也说明用地混合对步行出行的产生有着非常积极的作用,尤其是居住用地和这 6 类非居住用地组合,应该在规划中予以重视。

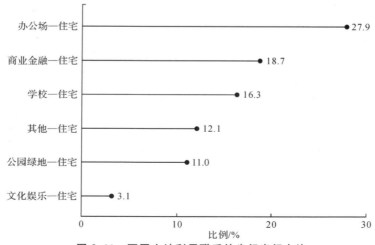

图 3.11 不同土地利用联系的步行出行占比

3.4.6　出行频率特征

根据南京居民出行调查,人均步行出行频率为 0.64 次。同样将该数据与 Zhang 等人统计的国内城市步行出行频率数据进行对比[40],南京的步行出行频率略低于这些城市的平均值 0.84 次。通常认为步行出行频率与城市建成区面积也存在一定关联,将两者作散点图,如图 3.12 所示。图中直线为采用线性回归对散点的空间分布进行拟合的直线,周围阴影部分为拟合直线的 95% 置信区间。可以看到,总体上随着建成区面积的增大,步行出行频率呈现缓慢下降的趋势。但在建成区面积小于 200km^2 的城市中,步行出行频率波动较大,也导致在这一区间内,大量城市落在了拟合直线的 95% 置信区间之外。这也说明尽管城市建成区面积对步行出行频率有一定的影响,但并不是非常强的解释变量。

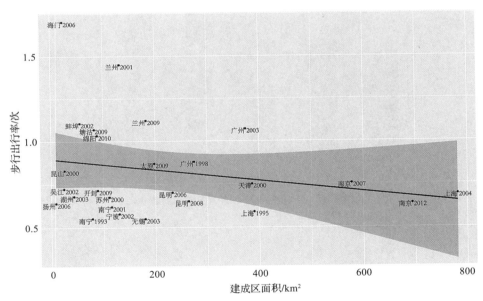

图 3.12　步行出行频率与城市建成区面积关联[40]

很多研究认为个人的社会经济属性也对步行出行频率有影响,比如性别和年龄。居民出行调查中,共有男性 2893 人、女性 3081 人。图 3.13 为男性与女性不同交通方式出行频率的对比,从图中可以直观地看出性别对不同交通方式的出行频率有着显著的影响。男性的步行出行频率为 0.49 次,女性的步行出行频率为 0.77 次,女性显著高于男性。在非机动车和公共交通出行中也同样存在着明显的女性出行频率高于男性出行频率的情况。而男性私人小汽车

51

出行频率为 0.68 次,女性私人小汽车出行频率为 0.32 次,男性远高于女性。这也一定程度上反映在目前国内城市一户一辆私人小汽车的情况下,男性私人小汽车使用率更高。

图 3.14 为不同年龄段的步行出行频率。步行出行频率在不同年龄段上的分布存在中间低、两头高的情况。大于 60 岁的老年人步行出行频率最高,为 1.28 次;6～14 岁的儿童和 50～59 岁的中老年人步行出行频率次之,均为 0.81 次。这几类年龄群体的共同特点都是机动性受限,活动范围比较小。由此可见,改善步行环境,最能惠及儿童、老人这些需要特殊关注的群体,能够提高社会的公平性。

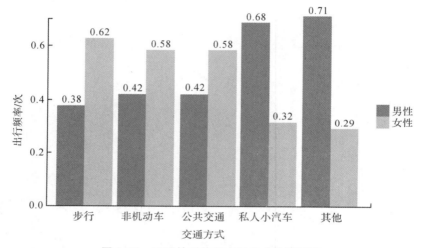

图 3.13　不同性别的各交通方式出行频率

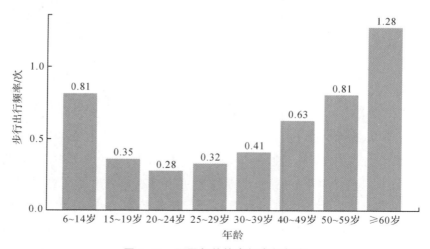

图 3.14　不同年龄的步行出行频率

3.4.7　分析

本次研究以南京为例,采用居民出行调查数据对步行出行特征进行了分析,不仅揭示了城市居民总体的步行出行行为,也能够提供一些规划启示。

(1)综合考虑步行在不同出行目的中的所占比例和绝对数量,对购物、其他等弹性出行需要在规划中予以更多重视。相比于通勤出行,这类出行目的往往受到居民家庭周边建成环境的影响,如密度、混合度、设计等 3D 因素[7]。

(2)从步行出行距离的分析中可以看出,公共交通和步行的出行距离存在明显的互补性:步行出行距离主要分布在 2km 以下,而公共交通出行距离主要分布在 2km 以上。步行环境和公交服务水平的提升能够在出行距离内为出行者提供更有吸引力的出行选择。在有良好的步行环境的支持下,步行可能成为部分出行距离小于 2km 的私人小汽车出行的替代交通方式。

(3)尽管城市建成区面积对步行出行频率有一定影响,但并不显著。根据 Bassett 等人对城市间步行出行频率差异的原因分析,更重要的影响步行出行的因素为:更加紧凑、混合的城市,出发地和目的地之间的邻近性;高效的公共交通系统及良好的步行接入性;连通和高质量的步行交通网络;在步行需求集中的区域采用步行友好的政策控制机动车交通;更高的机动车拥有、使用和停放成本[44]。

与其他交通方式相比,步行交通有一定的特殊性,如不借助于任何交通工具,且出行距离和出行时间通常较短。因此,无论采用居民出行调查还是步行交通专项调查的数据,都会存在城市居民实际的步行出行次数高于调查中反映的步行出行次数的情况。其中经常被忽略的步行出行主要包括 2 种情况:第 1 种情况是目前越来越受到重视的多模式出行。比如从家乘坐地铁去工作单位的出行中包括了从家步行去地铁站和从地铁站步行到工作单位的出行。尽管步行去地铁站的时间可能多于乘坐地铁的时间,但传统的居民出行调查中仅仅只记录地铁出行,而忽略去地铁站的步行出行,步行交通专项调查中也很少会关注这一类步行出行。除了往返地铁站,还有往返公交车站、往返停车场等情况。第 2 种情况是步行出行记录的漏报。由于居民出行调查和步行交通专项调查都采用回忆的方式,被调查者往往不能准确地回忆所有步行出行。国外一些研究通过对比传统的居民出行调查数据和采用 GPS 设备记录居民出行数据后,发现居民会倾向于忽视一些短距离出行、非通勤出行、家庭中小孩的出行,而这些出行中很大比例是采用步行交通方式[45]。因此,步行交通在交通系统中的重要性往往比步行分担率所反映的更为重要。新的步行调查技术、方法的研究和应用也将是未来步行交通研究的重点问题。

3.5　小结

本章分析了城市步行性与居民步行出行特征。由于 94% 的步行出行均为基于家的出行，因此将城市步行性研究的视角聚焦在家庭所在的居住区（以家庭位置为中心的 800m 半径缓冲区）。分别计算了 1996 个家庭所在的居住区的住宅类 POI 密度、办公类 POI 密度、商业类 POI 密度、混合度、步行评分、公共交通站点密度等 6 个建成环境指标。基于这 6 个建成环境指标对地铁站 1km 半径范围外的家庭所在的居住区进行分层聚类，得到 4 类城市步行性存在显著差异的居住区。使用南京居民出行调查数据对居民步行出行特征进行了详细的分析，包括交通方式特征、出发时间特征、出行时耗特征、出行距离特征、出行起讫点的用地类型特征和出行频率特征。

参考文献

[1] Soria Y，Puig A. Ildefonso cerdà's general theory of 'urbanización'[J]. The Town Planning Review，1995，66(1)：15-39.

[2] 雅各布斯.美国大城市的死与生（纪念版）[M].金衡山，译. 南京：译林出版社，2006.

[3] Hillier B，Penn A，Hanson J，et al. Natural movement：or，configuration and attraction in urban pedestrian movement[J]. Environment and Planning B-Planning & Design，1993，20(1)：29-66.

[4] Speck J. Walkable city rules：101 steps to making better places[M]. St. Louis：Island Press，2018.

[5] Lynch K. The image of the city[M]. Cambridge：The MIT Press，1960.

[6] Lynch K. A theory of good city form[M]. Cambridge：The MIT Press，1981.

[7] Cervero R，Kockelman K. Travel demand and the 3ds：density，diversity，and design[J]. Transportation Research Part D：Transport and Environment，1997，2(3)：199-219.

[8] Ewing R，Cervero R. Travel and the built environment：a synthesis[J]. Journal of the Transportation Research Board，2001，1780：87-114.

[9] Dovey K，Pafka E. What is walkability? The urban dma[J]. Urban Studies，2019：733931892.

[10] Frank L，Schmid T L，Sallis J，et al. Linking objectively measured physical activity with objectively measured urban form：findings from SMARTRAQ[J]. American

Journal of Preventive Medicine, 2005, 28(2): 117-125.

[11] Huang R, Moudon A V, Zhou C, et al. Higher residential and employment densities are associated with more objectively measured walking in the home neighborhood[J]. Journal of Transport & Health, 2019, 12: 142-151.

[12] Mayne D J, Morgan G G, Willmore A, et al. An objective index of walkability for research and planning in the Sydney metropolitan region of new South Wales, Australia: an ecological study[J]. International Journal of Health Geographics, 2013, 12(1): 61.

[13] Pouliou T, Elliott S J, Paez A, et al. Building obesity in Canada: understanding the individual- and neighbourhood-level determinants using a multi-level approach[J]. Geospatial Health, 2014, 9(1): 45-55.

[14] Kenyon A, Pearce J. The socio-spatial distribution of walkable environments in urban scotland: a case study from glasgow and edinburgh[J]. Ssm-Population Health, 2019, 9: 100461.

[15] Buck C, Tkaczick T, Pitsiladis Y, et al. Objective measures of the built environment and physical activity in children: from walkability to moveability[J]. Journal of Urban Health, 2015, 92(1): 24-38.

[16] Li Y, Yatsuya H, Hanibuchi T, et al. The association between objective measures of residence and worksite neighborhood environment, and self-reported leisure-time physical activities: the aichi workers' cohort study[J]. Preventive Medicine Reports, 2018, 11: 282-289.

[17] Frank L D, Sallis J F, Saelens B E, et al. The development of a walkability index: application to the neighborhood quality of life study[J]. British Journal of Sports Medicine, 2010, 44(13): 924.

[18] Hanibuchi T, Kondo K, Nakaya T, Shirai K, Hirai H, Kawachi I. Does walkable mean sociable? Neighborhood determinants of social capital among older adults in Japan [J]. Health & Place, 2012, 18(2): 229-239.

[19] Fan P, Wan G, Xu L, et al. Walkability in urban landscapes: a comparative study of four large cities in China[J]. Landscape Ecology, 2018, 33(2): 323-340.

[20] Liao B, van den Berg P E W, van Wesemael P J V, et al. Empirical analysis of walkability using data from the Netherlands[J]. Transportation Research Part D: Transport and Environment, 2020, 85: 102390.

[21] Oyeyemi A L, Kolo S M, Rufai A A, et al. Associations of neighborhood walkability with sedentary time in Nigerian older adults[J]. International Journal of Environmental Research and Public Health, 2019, 16: 1879.

[22] Kerr J, Norman G, Millstein R, et al. Neighborhood environment and physical activity among older women: findings from the san diego cohort of the women's health initiative [J]. Journal of Physical Activity and Health, 2014, 11(6): 1070-1077.

[23] Talen E, Koschinsky J. The neighborhood quality of subsidized housing[J]. Journal of the American Planning Association, 2014, 80(1): 67-82.

[24] Boulange C, Pettit C, Gunn L D, et al. Improving planning analysis and decision making: the development and application of a walkability planning support system[J]. Journal of Transport Geography, 2018, 69: 129-137.

[25] Riggs W, Sethi S A. Multimodal travel behaviour, walkability indices, and social mobility: how neighbourhood walkability, income and household characteristics guide walking, biking & transit decisions[J]. Local Environment, 2020, 25(1): 57-68.

[26] An D, Tong X, Liu K, et al. Understanding the impact of built environment on metro ridership using open source in Shanghai[J]. Cities, 2019, 93: 177-187.

[27] Ellis G, Hunter R, Tully M A, et al. Connectivity and physical activity: using footpath networks to measure the walkability of built environments[J]. Environment and Planning B: Planning and Design, 2015, 43(1): 130-151.

[28] Cervero R, Sarmiento O L, Jacoby E, et al. Influences of built environments on walking and cycling: lessons from Bogotá[J]. International Journal of Sustainable Transportation, 2009, 3(4): 203-226.

[29] Tamura K, Wilson J S, Goldfeld K, et al. Accelerometer and GPS data to analyze built environments and physical activity[J]. Research Quarterly for Exercise and Sport, 2019, 90(3): 395-402.

[30] Sehatzadeh B, Noland R B, Weiner M D. Walking frequency, cars, dogs, and the built environment[J]. Transportation Research Part A: Policy and Practice, 2011, 45(8): 741-754.

[31] Cruise S M, Hunter R F, Kee F, et al. A comparison of road-and footpath-based walkability indices and their associations with active travel[J]. Journal of Transport & Health, 2017, 6: 119-127.

[32] McCormack G R, Koohsari M J, Turley L, et al. Evidence for urban design and public health policy and practice: space syntax metrics and neighborhood walking[J]. Health & Place, 2021, 67: 102277.

[33] Yue Y, Zhuang Y, Yeh A G O, et al. Measurements of poi-based mixed use and their relationships with neighbourhood vibrancy[J]. International Journal of Geographical Information Science, 2016, 31: 1-18.

[34] Reusser D E, Loukopoulos P, Stauffacher M, et al. Classifying railway stations for

sustainable transitions-balancing node and place functions[J]. Journal of Transport Geography，2008，16(3)：191-202.

[35] Carr L J，Dunsiger S I，Marcus B H. Walk score™ as a global estimate of neighborhood walkability[J]. American Journal of Preventive Medicine，2010，39(5)：460-463.

[36] Carr L J，Dunsiger S I，Marcus B H. Validation of walk score for estimating access to walkable amenities[J]. British Journal of Sports Medicine，2011，45(14)：1144-1148.

[37] Manaugh K，El-Geneidy A. Validating walkability indices：how do different households respond to the walkability of their neighborhood? [J]. Transportation Research Part D：Transport and Environment，2011，16(4)：309-315.

[38] Walkscore[EB/OL]. [2021-10-13]. http://www. walkscore. com/6/20/2017.

[39] Hastie T，Tibshirani R，Friedman J，et al. The elements of statistical learning[M]. 2nd ed. Berlin：Springer，2016.

[40] Zhang H，Chen X，Li X. Trip rate and travel time：a perspective in China city[C]. Washington DC：Transportation Research Board 90th Annual Meeting，2011.

[41] Bhatta B P，Larsen O I. Are intrazonal trips ignorable? [J]. Transport Policy，2011，18(1)：13-22.

[42] Ghareib A H. Different travel patterns：interzonal，intrazonal，and external trips[J]. Journal of Transportation Engineering，1996，122(1)：67-75.

[43] Kordi M，Kaiser C，Fotheringham A S. A possible solution for the centroid-to-centroid and intra-zonal trip length problems[C]. Avignon：International Conference on Geographic Information Science，2012.

[44] Bassett D J，Pucher J，Buehler R，et al. Walking，cycling，and obesity rates in Europe，north America，and Australia[J]. Journal of Physical Activity and Health，2008，5(6)：795-814.

[45] Clifton K，Muhs C D. Capturing and representing multimodal trips in travel surveys [J]. Journal of the Transportation Research Board，2012，2285：74-83.

第四章　城市步行性对居民出行行为的影响[①]

上一章分析了不同城市步行性的居住区类型特征及居民的出行行为特征，本章从集计和非集计层面对步行出行频率、自行车出行频率、公共交通出行频率及小汽车出行距离进行建模，研究构成城市步行性的建成环境因素对居民出行行为的影响。

4.1　研究方案设计

出行行为的本质是一种选择行为。依据效用理论，出行行为实质上是出行者在一系列可选择的出行时间、出行目的地、出行方式和出行路径集中做出的理性决策，其中需要考虑多种影响因素。出行行为的研究通常有 2 种类型：一种是使用集计的出行数据对出行模式进行研究，比较不同社区或城市中居民的出行模式，比如平均出行频率、交通方式分担率，主要采用参数检验、非参数检验等方法验证出行模式指标的差异；另一种是使用非集计的出行数据对出行行为进行研究，主要采用回归模型、离散选择模型等测试各类影响因素对居民个体或家庭出行行为的影响[1]。

4.1.1　因变量设计

描述居民出行行为有非常多的变量，比如出行的频率、空间分布、交通方式、选择路径等。其中不同交通方式的出行频率是交通分析、规划、决策中非常

[①]　注：本章中的小汽车均指私人小汽车。

常用的一个指标,城市步行性的提高,有可能增加居民步行、自行车或公共交通出行的频率,并降低选择小汽车出行的频率,因此本章将步行、自行车、公共交通频率作为表征居民出行行为特征的第 1 类指标。另外,城市步行性的提高不仅有可能降低居民选择小汽车出行的频率,也有可能使居民选择更近的出行目的地。这些都有可能降低居民的小汽车出行距离。小汽车出行距离是交通分析、规划、决策中的常用指标,被广泛用以评估机动车尾气排放、能源消耗、交通政策影响等[2]。很多交通政策都试图降低城市中的机动车出行需求,这在很大程度上取决于城市总体的机动车出行距离的降低,所以本质上是降低城市中的小汽车出行距离。小汽车出行距离是一个描述机动车交通需求的简单且综合的指标[3],因此本章将小汽车出行距离作为表征居民出行行为特征的第 2 类指标。

4.1.2 自变量设计

除了城市步行性外,影响出行行为的因素还包括以下 2 点。①个体及家庭属性,包括性别、年龄、职业、学历、婚姻状况、家庭收入、家庭结构、家庭责任等个人社会经济特征。②个人交通出行态度,这类属性决定了个人对交通出行的选择偏好和支付能力。对上述因素的描述性统计分析如表 4.1 所示。采用平均值、标准差描述连续变量,采用每一分类的样本量和所占比例描述分类变量。

表 4.1 模型的描述性统计分析

变量		平均值或样本量	标准差或比例
步行出行频率		0.61	1.13
自行车出行频率		0.81	1.24
公共交通出行频率		0.53	0.94
小汽车出行距离/m		2924	8862
性别	女	2928	51.7%
	男	2738	48.3%
年龄		39.90	15.79
职业类型	上班	3832	67.6%
	上学	815	14.4%
	其他	1019	18.0%
受教育程度	高	2499	44.1%
	低	3167	55.9%
是否有驾照	有	2191	38.7%
	无	3475	61.3%
是否有公交卡	有	4469	78.9%
	无	1197	21.1%

变量		平均值或样本量	标准差或比例
家庭学龄前儿童数		0.13	0.35
家庭中小学生数		0.36	0.50
家庭年收入	高	632	11.2%
	中	3547	62.6%
	低	1487	26.2%
家庭小汽车数		0.48	0.57
家庭非机动车数		1.93	1.13
对小汽车的态度		1.11	0.58
对公共交通的满意度		2.61	0.76

在建模前,需要将数据转化为模型中可以使用的变量。同样的数据可以采用不同的定义方式,得到不同的变量。个人社会经济属性大多是分类变量,处理分类变量有以下 3 种方法。①将分类变量转化为分类数减 1 个哑元变量;②归并分类变量后,再转化为哑元变量,可以减少哑元变量数;③计算分类变量的区间中值,再转化为连续变量。由于个人社会经济属性均为控制变量,因此选择能使模型拟合度最优的转化方法。

家庭年收入有 0～1 万元、1 万～2 万元、2 万～5 万元、5 万～10 万元、10 万～15 万元、15 万～20 万元、大于 20 万元等 7 个选项。将家庭年收入进行处理时,可以选择以下 3 种方式。①保持原有的分类变量形式,将其转化为多个哑元变量,需要的哑元变量个数为原分类变量的分类数减 1,因此需要 6 个哑元变量。②对原有分类变量进行一定程度的归并,比如划分为 0～5 万元、5 万～15 万元、大于 15 万元等 3 类,分别对应低收入、中等收入、高收入,进而将其转化为哑元变量,这时只需要 2 个哑元变量。③使用每个区间的均值将分类变量转化为连续变量,比如 0～1 万元转化为 0.5 万元,依次类推。其中,大于 20 万元的选项则按照城市的人均收入水平及基尼系数进行估算,在此取值为 25 万。对每一种处理方法进行测试,在本书 4.2 节中倾向得分加权中采用第 3 种处理方法,在本书 4.3 节中泊松回归和 Tobit 回归模型中采用第 2 种处理方法。考虑到家庭年收入对出行行为的影响可能不是线性的,所以在模型中进一步加入了家庭年收入的平方项,以捕捉非线性效应。年龄有 6～14 岁、15～19 岁、20～24 岁、25～29 岁、30～39 岁、40～49 岁、50～59 岁、大于 60 岁等 8 个选项。对年龄数据的定义采用前文描述的第 3 种方式,通过计算分类变量的区间中值,将其转化为连续变量。其中大于 60 岁的选项,在此可选取 65 岁。

受教育程度有初中及以下、高中及中专、大专及本科、硕士及以上等 4 个选项。将受教育程度归并为低教育程度(对应初中及以下、高中及中专)和高教育程度(对应大专及本科、硕士及以上)等 2 类,进而转化为 1 个哑元变量。职业有中小学生、大学及研究生、工人、服务人员、职员及公务员、私营及个体劳动者、离退休人员、农民、其他等 9 个选择,将其归并为上学(对应中小学生、大学及研究生)、上班(对应工人、服务人员、职员及公务员)、其他(对应私营及个体劳动者、离退休人员、农民、其他)等 3 类,进而转化为 2 个哑元变量。

性别、是否有驾照、是否有公交卡都只包含 2 个选项,均直接转化为 1 个哑元变量。家庭小汽车数、家庭非机动车数、家庭学龄前儿童数、家庭学生人数为连续变量,直接使用居民出行调查数据。

南京居民出行调查并没有直接关注居民的交通出行倾向,但调查中咨询了居民对城市交通的意见和建议,其中一些问题可以间接反映居民交通出行倾向。其中一个问题是"您对私人小汽车购买与使用的看法是什么"。居民对小汽车政策的态度反映了居民对小汽车出行的偏好,将 3 个选项作为 1 个有序变量纳入模型中。还有一个问题是"您对公交的满意度如何",有 5 个选项,作为 1 个有序变量纳入模型中。

4.2　城市步行性对出行模式的影响

4.2.1　建模方法

评估城市步行性对出行模式的影响属于统计学中的因果推断问题。随机实验是推断因果关系的"金标准"。通过将居民完全随机分配到各类建成环境的居住地中,保证每类建成环境的居住地中居民的社会经济属性、交通出行倾向的分布相同。此时,由于排除了其他因素的干扰,各类居住地中居民出行模式的差异可以完全归因于建成环境的不同。然而在出行行为的研究中开展随机实验并不现实,因而只能用观察性研究替代。观察性研究的主要问题在于各类居住地中居民个人社会经济属性、交通出行倾向存在系统差异。而居住自选择是产生上述问题的根本原因。居住自选择指人们会根据自身交通出行倾向选择居住地,例如具有公共交通出行倾向的居民更可能选择公共交通便利的居住地居住,同时这种倾向又会影响居民对出行方式的选择。在实证研究中观察到的居民出行行为的差异不仅受建成环境的影响,还可能是由于具有某种交通出行倾向的人选择居住在有助于实现该倾向的居住地。若忽略居住自选择效应，有可能高估或低估建成环境对出行行为的影响。国内外的一些研究结论在建成环境影响的程度甚至正负性上存在不一致，其中的主要原因之一就是忽略了居住自选择效应[4]。

为控制居住自选择效应，本研究采用了倾向得分加权方法消除居民个人社会经济属性、交通出行倾向等混杂因素所引起的偏差。倾向得分方法由Rosenbaum和Rubin在1983年提出[5]。在给定多个协变量的前提下，将任意一个研究对象分配到处理组或者对照组的条件概率被称为倾向得分。倾向得分通过将多个协变量降维成一个变量的方式来反映多个协变量的共同作用。利用倾向得分进行匹配、分层或加权，可以均衡处理组和对照组之间协变量的分布，最大限度地消除非随机试验的样本选择性偏倚和混杂偏倚。倾向得分方法较多应用于医药、经济、政策评价等领域，近年来也逐渐被引入出行行为的研究中[6,7]。

应用倾向得分加权方法有以下3个步骤：①估计倾向得分；②评估平衡；③估计加权后的平均处理效应（Average Treatment Effect，ATE）。在这3个步骤中，第2步和第3步相对直观，而第1步较为复杂。本研究采用了广义增强模型（Generalized Boosted Models，GBM）这一机器学习算法，以获得稳健的倾向得分权重。GBM最早由Friedman提出，是一种通用的、自动的、数据自适应的基于决策树的非参数方法[8]。GBM可以捕捉处理组和对照组的分配与协变量之间的非线性关系，不需要排除不重要或有多重共线性的协变量，可以自动处理协变量的高次项和交互项，而不会过度拟合数据。而传统的Logistic回归模型，如果协变量在第一次尝试时没有成功平衡，则需要手动加入一些不平衡的协变量的高次项或交互项到模型中，直到所有协变量都平衡为止，其间不恰当的协变量处理可能会导致有倾向性的估计。GBM的另一个优点是会自动处理协变量的缺失值。已有研究表明，GBM在协变量平衡性方面表现优于Logistic回归模型[9-11]。GBM唯一的潜在缺点是其模型形式和参数不能像Logistic回归模型那样被明确识别。但由于估计倾向得分模型的最终目标是预测的准确性（更具体地说是样本内拟合度）而不是结果的可解释性，因此GBM的上述缺点在估计倾向得分时可以被忽略。另外，Friedman也为GBM估计开发了一个可以了解变量的"相对影响"的扩展[8]，使得GBM不完全是一个"黑箱"。关于GBM的数学细节，可以参考相关论文[12]。

由于GBM使用增强算法将一系列弱学习分类器不断迭代以形成强学习

分类器,因此需要设定停止规则。D'Agostino 建议对协变量使用某种形式的均值比较,以测试协变量是否已经平衡[13]。本研究采用处理组及对照组间协变量的绝对标准化均值差(Absolute Standardized Mean Difference,ASMD)的最大值最小化这一停止规则。最终的 ASMD 也被作为衡量每个协变量是否平衡的标准。若 ASMD 值小于 0.20 则认为该值较小,在 0.20~0.40 则认为该值中等,在 0.40~0.60 则认为该值较大[14]。

用由 GBM 计算出的倾向得分对处理组和对照组的案例进行重新加权,使之相互匹配。设 $f(x|t=1)$ 是处理组案例的特征分布,而 $f(x|t=0)$ 为对照组案例的特征分布,每组都被加权以匹配总体 $f(x)$,如式(4.1)、式(4.2)所示。

$$f(x|t=1)=w(x)f(x) \tag{4.1}$$

$$f(x|t=0)=w(x)f(x) \tag{4.2}$$

式中:$w(x)$ 是权重。

利用贝叶斯定理,可得处理组的 $w(x)\propto 1/f(t=1|x)$ 和对照组的 $w(x)\propto 1/f(t=0|x)$。如果 $p(x_i)$ 是样本 x_i 的估计倾向性得分,则处理组样本的权重 $w_i=1/p(x_i)$ 和对照组样本的权重 $w_i=1/[1-p(x_i)]$。

以上是一个处理组和一个对照组的情况。对于多个处理组的情况,采用以下列方式计算权重:首先,为每个处理组创建哑变量;其次,对每个哑变量进行单独的 GBM 拟合,并获得倾向得分;最后,计算平均处理效应(ATE)权重,它等于样本接受处理的概率的倒数,即每个 GBM 得到的倾向得分。使用倾向得分加权来统一所有组的样本构成,创建一个虚拟标准总体。在这个虚拟标准总体中,所有组别中的混杂因素是相似的,因此这些组别也就具有可比性。如果有 M 个处理组,只需要 M 个 GBM 来获得权重。相比之下,倾向得分匹配或分层需要 $M\times(M-1)/2$ 个 Logistic 回归模型(每对处理组和对照组需要 1 个模型)。

计算协变量的相对影响可以了解协变量对倾向得分的贡献。对基于决策树模型的 GBM,协变量 x_j 的相对影响为:

$$\hat{J}_t^2 = \sum_{\text{split on } x_j} I_t^2 \tag{4.3}$$

式中:I_t^2 是在 x_j 点上对进行分割的经验改进。

协变量的相对影响是指协变量 x_j 在增强算法生成的所有树中的相对影响的平均值[8]。

影响居民出行行为和居住地选择的混杂因素大致可以分为 2 类:个人社会

经济属性和交通出行倾向。基于上述变量，首先使用 R 语言的 GBM 包建立广义增强模型预测倾向得分，参数的相对影响如图 4.1 所示（仅绘制相对影响大于 1 的参数）。从图中可以看出影响大的参数主要为涉及交通工具的个人社会经济属性和个人交通出行倾向。最大的影响为是否有公交卡，其次是对公交的满意度、对小汽车的态度、家庭年收入。

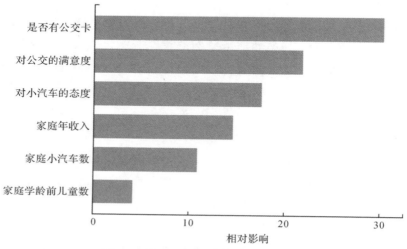

图 4.1　广义增强模型参数的相对影响

　　进而使用 TWANG 包对 4 类居住地的居民样本进行权重调整。权重调整旨在得到 ATE。ATE 是指居住在某一建成环境分类中的人口与居住在另一建成环境分类中的人口在出行行为上的平均预期差异。利用倾向得分对样本加权产生一个虚拟标准总体，在该总体中，各组混杂因素趋于一致，均近似于某一预先选定的标准总体分布，从而统一各组的样本构成，使组间具有可比性。假设全部人口居住在某一特定建成环境分类中的总体平均值等于实际居住在该特定建成环境分类中的居民的样本加权平均值。为了评估应用倾向得分加权后的平衡，使用 ASMD 和 t 检验每个协变量的组别差异。如果已经实现平衡，则期望 ASMD 值小于 0.20，t 检验的 p 值更大。图 4.2 显示了加权前后每个协变量的 ASMD 的最大值。所有 15 个协变量的 ASMD 的最大值都下降了，并且小于 0.2。t 检验显示，所有协变量在加权后都变得不显著（图中 4.2 的空心圆圈）。在应用倾向得分加权方法平衡协变量后，协变量的分布（或分布的特征，如平均值）在处理组和对照组中是相似的，从而减少了居住自选择造成的样本偏差。

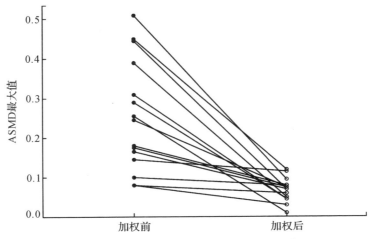

图 4.2　倾向得分加权前后自变量标准化均方差

4.2.2　模型结论

由于采用了倾向得分加权消除居住自选择效应带来的样本偏差,因而可以对加权后的样本进行出行模式的组间对比,研究建成环境对出行模式的影响。本次研究选择对比 4 类居住地的步行出行频率、非机动车出行频率、公共交通出行频率和小汽车出行距离(VKT),如表 4.2 所示。

编号 3 的列和编号 4 的列分别显示了加权前和加权后每类建成环境居住地中居民的平均出行行为。以编号 2 的列为处理组,编号 6~8 的列为对照组,对每个出行行为指标是一个下三角阵(编号 5 的列),记录了建成环境对该出行行为的观测效应(Observed Effect,OBE)、平均处理效应(ATE)、建成环境比例(Built Environment Proportion,BEP)。以每个出行行为指标,可以得到 6 组建成环境的对比(即 2 - 1、3 - 1、4 - 1、3 - 2、4 - 2 和 4 - 3)。OBE 是加权前处理组和对照组之间出行行为的平均差异,即处理组居民的平均出行行为减去对照组居民的平均出行行为的结果。OBE 是由建成环境和居住自选择的综合影响造成的。ATE 是加权后处理组和对照组之间居民出行行为的平均差异,即处理组居民加权后的平均出行行为减去对照组居民加权后的平均出行行为的结果。由于倾向得分加权排除了居住自选择效应,ATE 只是由建成环境的影响造成的。方差分析(ANOVA)被用来确定四类建成环境居住地的居民出行行为的总体差异是否显著,TukeyHSD 被用来进一步确定每一对建成环境居住地的居民的出行行为差异显著差异。编号 5 的列中标有"＊"的 OBE 或 ATE 表示效果在 0.1 水平上与 0 有显著差异。BEP 是可归因于 ATE 与 OBE 的比例(BEP

＝ATE/OBE)[15]。分母是建成环境和居住自选择对出行行为的总效应,分子是建成环境对出行行为的真实效应。由于建成环境和居住自选择的符号一般相同,BEP 通常在[0,1]范围内。然而,如果 OBE 和 ATE 在 TukeyHSD 中都不显著,意味着建成环境和居住自选择对出行行为的影响都接近 0,此时不再估计 BEP。如果 OBE 和 ATE 中的任何一个不显著,此时仍然估计 BEP 作为参考,但需要注意的是,此时 BEP 不稳,可能有很大的随机变化,因为建成环境和居住自选择的影响之一是接近 0。

表 4.2　居住地出行模式特征对比

1. 出行模式指标	2. 建成环境分类	3. 样本均值未加权	4. 样本均值加权	5. OBE/ATE/BEP		
				6. 模式 1	7. 模式 2	8. 模式 3
步行出行频率	模式 1	0.983	0.854			
	模式 2	0.629	0.634	0.354*/0.220*/62%		
	模式 3	0.600	0.570	0.383*/0.284*/74%	0.029/0.064/—	
	模式 4	0.459	0.523	0.524*/0.331*/63%	0.170*/0.111*/65%	0.141*/0.048/34%
非机动车出行频率	模式 1	0.946	1.021			
	模式 2	0.924	0.959	0.022/0.062/—		
	模式 3	0.880	0.908	0.065/0.113/—	0.043/0.051/—	
	模式 4	0.842	0.859	0.104/0.162/—	0.082/0.100/—	0.038/0.049/—
公共交通出行频率	模式 1	0.410	0.375			
	模式 2	0.656	0.639	−0.246*/−0.264*/107%		
	模式 3	0.641	0.608	−0.231*/−0.233*/101%	0.015/0.031/—	
	模式 4	0.525	0.521	−0.115/−0.146*/127%	0.131*/0.118*/90%	0.116*/0.087/75%
VKT/m	模式 1	1014	1559			
	模式 2	2189	2443	−1174/−884/—		
	模式 3	3093	3163	−2079*/−1604*/77%	−904*/−720/80%	
	模式 4	4509	3557	−3495*/−1998*/57%	−2321*/−1114*/48%	−1416*/−395/28%

注:"*"表示 $p<0.1$。

对于步行出行频率,OBE 和 ATE 在大多数建成环境的分类间是显著的(分别是 6 个中的 5 个和 6 个中的 4 个)。居民从步行性较差的建成环境中转移到步行性较好的建成环境中,加权前步行出行频率将平均增加 0.267(40%),加权后将平均增加 0.176(27%)。这证实了以前大多数研究的结论,即高密度、混合用地、可达性好的建成环境使居民步行出行频率更高。BEP 为 62%～74%(不考虑模式 3 和 4 的 BEP,因为 ATE 不显著会使 BEP 不稳健)。BEP 比 Cao 的研究数据略大,他们发现建成环境解释了 61% 的社区类型对步行到商店频率的影响[16]。总的来说,步行出行频率更高的是由建成环境,而不是居住自选择决定的。

对于自行车出行频率,OBE 和 ATE 在所有 6 组建成环境分类之间都不显著,这意味着建成环境和居住自选择的影响都可以忽略不计。自行车是我国最常用的出行方式之一。南京居民出行调查显示,自行车出行次数占总出行次数的 33% 以上。这些自行车出行中约有 60% 使用电动自行车。电动自行车的平均出行距离约为 5km,比普通自行车的出行距离长很多。较好的居住地建成环境可能会诱使居民骑普通自行车;相反,较差的居住建成环境可能会迫使居民骑电动自行车去更远的地方以获得服务或进行活动。Zhao 等发现,在北京的 12 个建成环境变量中,只有 300m 范围内的公共设施数量与普通自行车出行呈正相关,只有 300m 范围内的公交车站数量与电动自行车出行呈负相关[17]。这证实了我们的论点,即建成环境可能对普通自行车出行和电动自行车出行有相反的影响。当把普通自行车出行和电动自行车出行结合在一起时,Sun 等发现在上海的 12 个建成环境变量中,只有居住区的就业密度与自行车出行呈负相关[18]。这 2 项研究还表明,很少有建成环境变量会影响自行车出行,这可能是建成环境的影响可以忽略不计的另一个原因。少数研究通过将步行和自行车汇总为慢行出行方式获得正相关的结果[19,20],但由于国内自行车出行的比例很大,这种做法不适合国内的情况。

对于公共交通出行频率,OBE 和 ATE 对大约一半的建成环境分类的影响是显著的(分别是 6 个中的 4 个和 6 个中的 3 个)。一般来说,居住在步行性较好的建成环境中的居民乘坐公交车的频率较高。然而,居住在第 1 类建成环境中的居民的公共交通频率最低,尽管第 1 类建成环境拥有最好的步行性。步行性对公共交通频率有 2 种相反的影响。一种为,居住在高密度、混合用地和可达性好的居住区内可能会有便捷的公共交通站点和服务,在往返公共交通站点途中可能顺道从事其他活动,从而增加对公共交通的使用。另一种为,它可能增加短距离出行,从而减少对公共交通的使用。由于没有区分不同建成环境变量的影响,这 2 种影响是混合在一起的。对居住在第 1 类建成环境的居住地中的居民来说,后 1 种影响是主要的。然而,如果将公共交通出行频率与步行出行频率和自行车出行频率相加,居住在第 1 类建成环境的居住地中的居民的步行、自行车和公共交通等绿色出行方式的总出行频率是居住在 4 类建成环境居住地的居民中最高的。当居住地的步行性提高时,存在一种从公共交通到步行和自行车的出行模式替代机制。提高步行性的政策不一定会增加公共交通的使用,但确实会诱发更多绿色出行行为。有趣的是,将居民从第 4、3、2 类建成环境的居住地转移到第 1 类建成环境的居住地的 BEP 略大于 1,这意味着居住自选择的影响与建成环境的影响相反,但幅度小于建成环境。这一结果意味着存在居住错配。尽管居住在第 1 类建成环境中的居民更喜欢使用公共交通,但他们的出行偏好被其社区的建成环境所压制,因为他们的出行距离很短。总的来说,BEP 相对较大(94%),表明建成环境对公共交通出行频率的影响起着强烈的主导作用(没有考虑第 1、4 类建成环境居住地及第 3、4 类建成环境居住地的 BEP,因为 OBE 或 ATE 不显著,使 BEP 不稳健)。这个结果与之前的研究存在不一致。Lee 等发现,对于公共交通通勤,只有 57% 的观察影响可以归因于建成环境[21]。在中国,乘坐公共交通似乎是一种需要,而不是一种选择。

对于 VKT 来说,在控制居住自选择后,建成环境的影响有所降低。在加权前和加权后,居住在步行性较好的建成环境居住地中的居民比居住在步行性较差的建成环境居住地中的居民平均少使用汽车 1.9km 和 1.1km。在 6 组建成环境之间中,有 5 组在加权前是显著的,而只有 3 组在加权后仍然显著。将居民从一个建成环境的居住地转移到其相邻的建成环境居住地出行行为变化都不显著,这表明减少 VKT 需要相当大的建成环境变化。BEP 的范围是 48%～77%。这一结果与以往研究结果接近。Mokhtarian 和 Van Herick 总结了 6 项量化 VKT 的 BEP 的研究,发现 BEP 的范围是 48%～98%[15]。Cao 等总结了 5 项量化 VKT 的 BEP 的研究,发现 BEP 的范围是 38%～76%[22]。Chen 等发现,在上海观察到的 VKT 差异中,73% 直接归因于建成环境本身[23]。

上述研究可以总结出 2 个主要结论。首先,高密度、混合用地、可达性好的建成环境与更多的步行出行和更少的 VKT 有关,但对自行车出行没有影响,对公共交通出行的影响也不一致。由于我们采用了一种整体的方法来描述居住建成环境的模式,一些建成环境变量的影响是混合的,可能存在相互加强,也可能存在相互抵消,尤其是后者对自行车和公共交通出行的影响。改变居住地建成环境不一定会增加自行车出行或公共交通出行,但确实会导致出行行为的积极变化,例如减少 VKT 和更多地使用替代出行方式。同样的,减少 VKT 需要相当大的建成环境变化。其次,大多数出行行为的差异主要是由建成环境造成的,但考虑居住自选择仍然相当重要。步行出行频率的 BEP 是 62%～74%,公共交通频率的 BEP 是 90%～107%,VKT 的 BEP 是 48%～77%(只考虑 OBE 和 ATE 都显著的建成环境分组)。VKT 的平均 BEP 小于步行或公共交通出行频率的 BEP,而 VKT 的 BEP 的变化大于步行或公共交通出行频率的变化。因此,在 4 个出行行为结果中,居住自选择对 VKT 的影响最大。

4.3 城市步行性对出行行为的影响

上一节的研究发现城市步行性对步行出行频率和 VKT 有显著影响。研究关注了不在地铁沿线的居住区,采用了较为先进的倾向得分加权控制方法。下面进一步将地铁沿线居住区考虑进来,使用传统的统计控制方法来研究城市步行性对步行出行频率和 VKT 的影响。以下研究也可以称为对 TOD 的对比研究。目前国际上对 TOD 的定义较多。Calthorpe 首次提出 TOD 社区,并将之定义为土地混合使用的社区,认为其边界距离位于中心的公交车站和商业设施约 1/4 英里(约 400m,1 英里≈1609m),社区布局和设计强调良好的步行环境,并能鼓励公共交通使用[24]。Cervero 定义 TOD 社区是布局紧凑、功能混合的社区,认为其以公交车站及环绕周围的公共设施和公共空间为中心向外延伸约 1/4 英里为范围,通过合理设计,鼓励居民较少使用小汽车而多乘坐公共交通[25]。美国马里兰州交通局定义 TOD 为在轨道交通或大型的常规公交车站周边步行范围内混合布局较高密度的居住、就业、商业、公共设施等功能,加强步行和自行车交通的设计,同时允许小汽车交通的设计[26]。上述种种定义虽然表述各有不同,但核心理念一致,认为 TOD 是围绕公共交通站点,在步行距离范围内进行高密度的用地混合开发,并开展面向步行、自行车和公共空间的设计。近年来,TOD 理论在我国受到追捧,但 TOD 理论在我国的实践已经与最初以美国为背景提出的 TOD 理论有较大的差异。在美国,TOD 社区指围绕轨道交通站点或常规公交车站建设以中心商业区为核心的土地利用混合社区,旨在应对城市低密度蔓延的问题。而在我国,由于城市人口密度高、公交网络覆盖面广,仅常规公交无法支撑较高密度的用地开发。TOD 社区通常特指围绕轨道交通站点的用地开发,因此,TOD 社区范围更大,通常界定为 800m 半径范围内。另外,TOD 的目的也不在于解决城市低密度蔓延问题,而是引导城市有序增长。

TOD 主要有 2 个因素,基于对国内外 TOD 差异的分析,提出与国内 TOD 理论相适应的 TOD 变量。对于 TOD 中的 T 因素,仅考虑轨道交通站点,用家庭居住地 800m 半径范围内是否有地铁站进行描述,为哑元变量,有则取"1",没有则取"0"。对于 TOD 中的 D 因素,以往的研究使用密度、混合度和可达性来描述,也就是说,D 因素反映的内容与城市步行性是基本一致的。我们采用了 5 个指标描述 D 因素。通过相关性分析发现,上述 5 个指标存在较高的相关性,不利于模型的估计和分析,因此采用主成分分析法对指标进行聚合。首先,同样对多样性和设计 2 个指标按照式(4.1)的方法进行标准化,通过主成分分析提取 1 个主成分。该主成分能解释 5 个指标 79% 的方差,鉴于主成分分析良好的效果,直接将其作为 TOD 中的 D 因素。5 个指标构成 D 因素的权重分别为 0.236、0.240、0.242、0.207、0.194。对 D 因素同样采用式(4.2)的方法进行标准化,使 D 因素的最小值为 0,最大值为 1。

根据 T 和 D 因素的取值对家庭的居住地进行分类。同时满足 $T=1$ 和 rank(D)>70%(即位于地铁站 800m 半径范围内且 D 因素值排名前 30%)的家庭为 TOD 的家庭,仅满足其中 1 项的为 Only-T(仅满足 T 因素)或 Only-D(仅满足 D 因素)的家庭,2 项均不满足的为 Non-TOD 的家庭。4 类家庭的空间分布如图 4.3 所示。不同类别的家庭存在明显差异化的空间分布特征:TOD 的家庭主要聚集在南京老城内地铁沿线,Only-D 的家庭主要聚集在南京老城内非地铁沿线,Only-T 的家庭主要聚集在南京老城外地铁沿线,Non-TOD 的家庭主要集聚在南京老城外非地铁沿线。

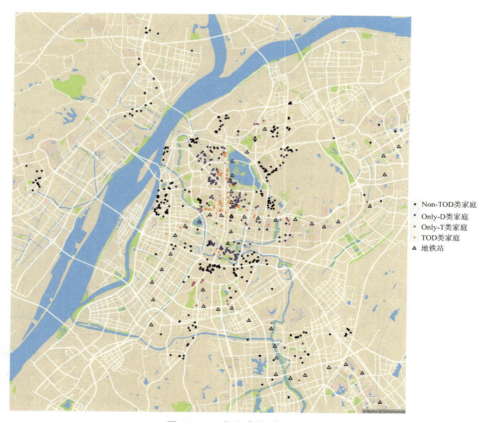

• Non-TOD类家庭
• Only-D类家庭
• Only-T类家庭
• TOD类家庭
△ 地铁站

图 4.3　4 类家庭的空间分布

从这 4 类家庭中分别选取 1 户代表家庭，筛选原则是该家庭所在地的 D 因素值应最为接近其所属类别中所有家庭所在地的 D 因素值的均值。对选出的 4 户代表家庭 800m 半径范围内的建成环境进行可视化，如图 4.4 所示。图中红心为家庭所在地，粉线为到地铁站的直线距离，蓝黑色为市政道路。明显可以看出 TOD 和 Only-D 的家庭所在地的道路网密度及通达性要远高于另外 2 类家庭。

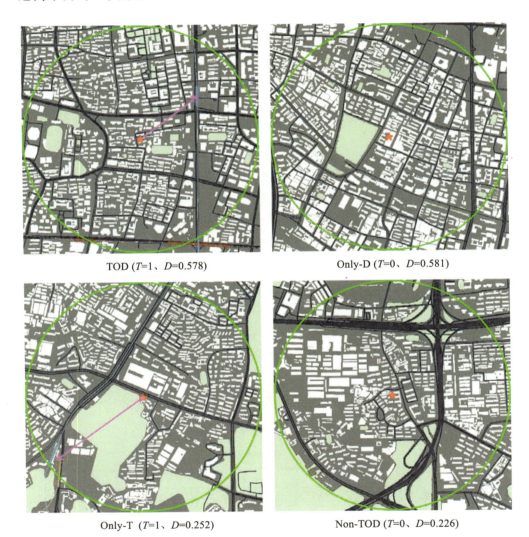

TOD (T=1、D=0.578)　　　　　　Only-D (T=0、D=0.581)

Only-T (T=1、D=0.252)　　　　　　Non-TOD (T=0、D=0.226)

图 4.4　4 类家庭的典型居住地建成环境

4.3.1 步行出行频率建模

居民出行调查中报告的步行出行频率有 0～6 次,其中占比最高的是 0 次(73.6%),次高的是 2 次(19.1%),其余均小于 3%。考虑因变量的分布情况,将因变量划分为 3 个水平,0 次(73.6%)、1～2 次(21.3%)、3～6 次(5.1%)。选择顺序选择模型(Ordered Logit Model)对步行出行频率建模。顺序选择模型是一种离散选择模型形式,用于对带有顺序特征的分类变量进行建模。因变量每增加 1 个水平,顺序选择模型只需增加 1 个表示阈值的常量。本次研究所用的顺序选择模型形式为:

$$y^* = \alpha + \beta_1 \times SE + \beta_2 \times T + \beta_3 \times D + \varepsilon$$

$$y = \begin{cases} 0 & (y^* \leqslant \mu_1) \\ 1 & (\mu_1 < y^* \leqslant \mu_2) \\ 2 & (\mu_2 < y^* \leqslant \mu_3) \end{cases} \tag{4.4}$$

式中:y 为步行出行频率的观测值;y^* 为步行出行频率的潜变量;SE 为个人社会经济变量;T、D 为 TOD 变量;ε 为误差项;α、β_1、β_2、β_3 为待估计的参数。

顺序选择模型使用 y 的观测值得到回归系数的参数 β 和阈值 $\mu_1 \sim \mu_3$。假设 ε 在不同观测之间均独立地同分布于 Gumbel 分布,可以得到的顺序选择模型的选择概率 P 如下:

$$P(y=0) = \Phi(\mu_1 - \beta X)$$
$$P(y=1) = \Phi(\mu_2 - \beta X) - \Phi(\mu_1 - \beta X)$$
$$P(y=2) = 1 - \Phi(\mu_3 - \beta X) \tag{4.5}$$

式中:$\Phi(*)$ 是 Logistic 分布的累计分布函数。

基于上述的自变量建立顺序选择模型,采用极大似然估计的方法对顺序选择模型进行参数估计。表 4.3 为模型参数估计。模型 p^2 为 0.131,总体上拟合尚可。

表 4.3　模型参数估计

变量	系数	z 值	p 值
性别(女,参照值为男)	0.527	7.800	0.000***
年龄	0.025	6.286	0.000***
职业类型(上班,参照值为其他)	−0.556	−5.208	0.000***
职业类型(上学,参照值为其他)	0.102	0.482	0.315
受教育程度(高,参照值为低)	−0.128	−1.673	0.047*

续表

变量	系数	z 值	p 值
是否有驾照(有,参照值为无)	−0.407	−4.887	0.000***
是否有公交卡(有,参照值为无)	−0.257	−3.339	0.000***
家庭非机动车数	−0.193	−6.665	0.000***
家庭中小学生数	0.241	3.497	0.000***
是否有地铁站(T因素)	0.147	1.848	0.032*
城市步行性(D因素)	0.253	8.099	0.000***
0|1	1.381	5.049	0.000***
1|2	3.422	12.288	0.000***

注:"***"表示 $p \leqslant 0.001$;"**"表示 $p \leqslant 0.01$;"*"表示 $p \leqslant 0.05$。

从性别上来看,女性相比男性的步行出行频率更高,这也与第三章的分析结果一致。从年龄上来看,居民年龄越大,步行出行频率越高。相比于其他职业类型,职业类型为上班的居民步行出行频率更低,职业类型为上学的居民差异不显著。从受教育程度来看,尽管发达国家的一些研究表明受教育程度相对较高的人更有可能选择步行出行[27],但本研究发现受教育程度较高的人步行出行频率较低。家庭年收入对步行出行频率影响不显著。持有驾照的居民在出行时由于有更多的交通方式选择,步行出行频率低于没有驾照的居民。持有公交卡的居民也类似,其步行出行频率低于没有公交卡的居民。不同的家庭结构反映家庭责任对个人出行交通方式的影响:有更多中小学生的家庭,其家庭成员步行出行频率越高。家庭非机动车数越多,步行出行频率越低。居住地附近有地铁站的,步行出行频率越高。与预期相同,城市步行性越高,步行出行频率越高。

4.3.2　小汽车出行距离建模

国内城市居民使用小汽车出行的情况与发达国家有很大不同。发达国家城市居民使用小汽车出行十分普遍。而南京居民出行调查显示,在被调查日中,83.7%的居民没有使用小汽车出行。国外研究通常使用线性回归模型对小汽车出行距离建模,但由于国内大量存在小汽车出行距离为0的情况,违背了线性假设,线性回归模型不再适用。本次研究选择 Tobit 模型对小汽车出行距离建模。Tobit 模型适用于因变量在正值上大致连续分布但包含部分以正概率取 0 值的情况。Tobit 最早应用于 Tobin 关于家庭耐用品消费支出的研究,由于特定时间内大多数家庭对汽车等家庭耐用消费品的支出通常为 0,因此 Tobin 使用了一种可以使支出不为负值的回归模型,即结合 Probit

模型与多元线性回归模型的 Tobit 模型[28]。本次研究所用的 Tobit 模型形式如式（4.6）。

$$y^* = \alpha + \beta_1 \times \text{SE} + \beta_2 \times T + \beta_3 \times D + \varepsilon$$

$$y = \begin{cases} y^* & (y^* > 0) \\ 0 & (y^* \leqslant 0) \end{cases} \tag{4.6}$$

式中：y 为小汽车出行距离的观测值；y^* 为小汽车出行距离的潜变量；SE 为个人社会经济变量；T、D 为 TOD 变量；ε 为误差项，服从于均值为 0 方差为 σ^2 的正态分布；α、β_1、β_2、β_3 为待估计的参数。

由于小汽车出行距离的跨度和偏度都非常大，因此对小汽车出行距离加 1 后再进行自然对数变换作为因变量，单位为米（m），由此得出的因变量满足 Tobit 模型对因变量在正值上大致连续分布但包含部分以正概率取 0 值的要求。

使用极大似然估计和牛顿莱布尼茨算法估计 Tobit 模型的参数，结果如表 4.4 所示。除变量的系数和反映变量显著程度的 t 值和 p 值外，还估计了每个变量的边际效应。由于对因变量进行了自然对数变换，因此对边际效应的解释与没有进行自然对数变换的模型有所不同。对于连续变量，边际效应是指该变量取均值时，上升一个单位所引起的因变量的变化比例；对于哑元变量，边际效应是指该变量从 0 水平升至 1 水平所引起的因变量的变化比例。

表 4.4　模型参数估计

变量	系数	t 值	p 值	边际效应
常数项	−6.392	−4.650	0.000***	—
性别（女，参照值为男）	−3.009	−6.078	0.000***	−0.314
职业类型（上班，参照值为其他）	3.279	3.136	0.002**	0.342
职业类型（上学，参照值为其他）	7.679	6.565	0.000***	0.802
受教育程度（高，参照值为低）	0.949	1.754	0.079·	0.099
是否有驾照（有，参照值为无）	13.402	18.341	0.000***	1.399
是否有公交卡（有，参照值为无）	−2.631	−4.844	0.000***	−0.274
家庭年收入（高，参照值为低）	9.379	10.446	0.000***	0.979
家庭年收入（中，参照值为低）	5.847	7.986	0.000***	0.610
家庭非机动车数	−2.278	−10.044	0.000***	−0.238
家庭中小学生数	1.988	3.972	0.000***	0.208
家庭学龄前儿童数	2.392	3.839	0.000***	0.250
是否有地铁站（T 因素）	−1.881	−2.879	0.004**	−0.196
城市步行性（D 因素）	−6.716	−4.838	0.000***	−0.701

注："***"表示 $p \leqslant 0.001$；"**"表示 $p \leqslant 0.01$；"*"表示 $p \leqslant 0.05$；"·"表示 $p \leqslant 0.1$。

对于控制变量,需要上班或上学的居民由于有刚性的通勤需求,小汽车出行距离相比其他居民分别高 34.2% 和 80.2%。其中上学的影响更加显著,反映接送学生是小汽车出行的重要诱因。女性相比男性,小汽车出行距离降低31.4%。受教育程度高的居民相比受教育程度低的居民,小汽车出行距离增加9.9%。高收入和中等收入家庭相比低收入家庭,家庭成员的小汽车出行距离分别增加 61.0% 和 97.9%。有驾照的居民相比没有驾照的居民(可以乘坐小汽车出行),小汽车出行距离增加 139.9%。有公交卡的居民相比没有公交卡的居民,小汽车出行距离降低 27.4%。家庭非机动车每增加 1 辆,家庭成员小汽车出行距离降低 23.8%。有更多学龄前儿童或中小学生的家庭,家庭成员的小汽车出行距离分别增加 20.8% 和 25.0%。

对于 TOD 变量,T 因素从 0 变为 1,反映家庭居住地 800m 半径范围内如果从没有地铁站到拥有地铁站,居民的小汽车出行距离降低 19.6%。如果仅考虑拥有小汽车的家庭,重新估计模型后发现降低幅度高达 41.2%。D 因素每提高 0.01,居民的小汽车出行距离相应降低 0.7%。如果仅考虑拥有小汽车的家庭,降低幅度可达 1.0%。D 因素对小汽车出行距离的影响,可以从以下几个方面进行解释:一方面,围绕轨道交通站点将居住与商业、生活服务、公共设施等用地混合,实现就近服务;另一方面,围绕轨道交通站点及沿轨道交通线路将居住与就业混合,实现职住平衡。这些都能提升社区活力、减少跨区出行和小汽车出行,而设计因素即步行环境的提升能够使上述效果更加明显。另外,对于轨道交通来说,D 因素还能通过优化轨道交通站点周边的开发类型和强度,起到合理利用轨道交通运输能力,降低高峰时段轨道交通双向客流的不均衡性的作用。

4.3.3 小汽车出行距离的减量影响

对这些家庭的小汽车出行距离等进行集计分析,从表 4.5 中可以直观看出居住在 TOD 区域的家庭平均小汽车出行距离均显著低于居住在 Only-D、Only-T 及 Non-TOD 区域的家庭。需要注意的是,小汽车出行距离的差异并不完全取决于 T 因素或 D 因素,也可能是由个人社会经济属性和家庭位置的不同所造成的,即存在居住自选择效应。

表 4.5　4 类家庭的平均小汽车出行距离

家庭类型	平均小汽车出行距离/m	D 因素平均值	家庭数量/比例	个人数量/比例
TOD	1318	0.57	202/10.8%	556/10.7%
Only-T	2324	0.26	162/8.6%	451/8.7%
Only-D	1692	0.58	368/19.6%	1010/19.4%
Non-TOD	3347	0.23	1147/61.0%	3184/61.2%

在控制个人社会经济属性和家庭位置的差异后,依据边际效应的计算结果,将 4 类家庭的平均小汽车出行距离进行对比:以 Non-TOD 家庭的小汽车出行距离为基准,Only-T 家庭的小汽车出行距离降低 21.7%,Only-D 家庭的小汽车出行距离降低 24.5%,而 TOD 家庭的小汽车出行距离降低 43.4%,如图 4.5(b)所示。尽管小汽车出行距离的降低幅度小于图 4.5(a)中不排除个人社会经济属性因素时的降低幅度,但幅度仍然非常明显。尤其是当 T 因素和 D 因素综合作用时,可以降低 43.4% 的小汽车出行距离,其中 D 因素的作用占到55%。这也表明了在 TOD 区域内较低的小汽车出行距离并非仅仅由于轨道交通,更多是由于高密度的混合开发和适宜步行的建成环境。只有 D 因素作用时小汽车出行距离的下降幅度和只有 T 因素作用时小汽车出行距离的下降幅度基本相同,分别为 21.7% 和 24.5%。由于修建轨道交通非常昂贵,轨道交通能够覆盖的区域非常有限,在没有轨道交通覆盖的区域发挥好 D 因素的作用,能够起到与修建轨道交通相同,甚至更好地降低小汽车出行距离的效果。如果仅考虑有小汽车的家庭,重新估计模型后发现 TOD 带来的小汽车出行距离的下降幅度更加明显,达到 75.2%,如图 4.5(c)所示。可以预见,随着拥有小汽车的家庭越来越多,TOD 能够带来的降低小汽车出行距离的效果会比现小汽车拥有水平下的 43.4% 更好。国内以往对出行行为的研究大多关注于交通方式的选择,然而对小汽车出行距离指标关注较少,减少城市总体小汽车出行距离是 TOD 对城市交通系统最直接的贡献。国内以往关于出行行为的研究往往只是获取交通小区层面的建成环境数据用以建模。由于交通小区范围较大,交通小区内部的差异性不能得以反映,而根据家庭居住地的经、纬度得到的 D 因素能反映更精细的建成环境。研究得到的边际效应可以被国内其他城市用于初步估计 TOD 能够带来的降低小汽车出行距离和缓解小汽车交通拥堵上的效益,对交通设施的配置和建成环境的优化有一定的参考价值。

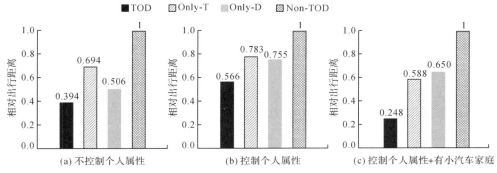

图 4.5　不同情景下 TOD 对小汽车出行距离的影响

4.4　步行性导向的步行交通规划启示

　　无论是轨道交通站点覆盖或非轨道交通站点覆盖地区，发挥好 D 因素的作用对减少小汽车出行都至关重要。轨道交通站点覆盖地区应从 Only-T 向 TOD 转变。2019 年底，我国内地城市轨道交通运营线路里程已达 6736km，然而近一半的线路日均客流强度低于 0.5 万人/km，面临严重的运营亏损[29]。城市轨道交通线网布局和建设时序与土地开发不统一，站点设计与周边建设用地关系不紧密是重要原因。我国城市轨道 TOD 发展指数的研究发现，在我国城市中几乎找不到符合建筑高度随轨道交通站点距离增加而梯度下降的标准TOD 案例[30]。我国城市已经进入 TOD 发展的关键时期，确保大量轨道交通站点地区 TOD 规划建设的成功已经成为当务之急。从中观层面加强轨道交通工程方案优化和控规调整，促进轨道交通站点与周边建设用地的协调发展，将有助于 Only-T 向 TOD 转变，使站点成为多功能的目的地，以减少出行距离、增强社区活力，特别是实现办公紧邻轨道交通站点以鼓励选择轨道交通通勤。

　　非轨道交通站点覆盖地区应从 Non-TOD 向 Only-D 转变。基于生活圈规划的视角，以人的生活行为为基础，在适于步行的范围内，配备生活所需的基本服务设施与公共活动空间，优化社区生活、就业和出行环境。实现上述目标，需要整合自上而下和自下而上的力量，从微观层面加强社区规划编制、实施和评估，根据社区大小、建设情况和居民实际需求，组织社区空间、补齐社区短板，满足社区居民就业服务、医疗养老、康体健身、人文教育、环境美化等多方面的需求。

4.5 小结

本章研究了城市步行性对居民出行行为的影响。在因变量和自变量设计的基础上，仅考虑地铁站 1km 半径范围外的家庭，使用倾向得分加权控制居民的自选择效应，分别统计倾向得分加权前后 4 类居住区中居民步行出行频率、非机动车出行频率、公共交通出行频率、小汽车出行距离等 4 个出行模式指标，进而分析建成环境和居住自选择对居民出行模式的影响、建成环境比例。再考虑地铁站 1km 半径范围内的家庭，在控制居民社会经济属性的基础上，提出以TOD 中的 T 因素和 D 因素作为自变量，采用顺序选择模型和 Tobit 模型分别对步行出行频率和小汽车出行距离进行建模。将居住区分为 TOD、Only-T、Only-D、Non-TOD 四类，进一步分析 T 因素和 D 因素对小汽车出行距离的减量影响。最后提出步行性导向的步行交通规划启示。

参考文献

[1] Handy S. Methodologies for exploring the link between urban form and travel behavior [J]. Transportation Research Part D: Transport and Environment, 1996, 1(2): 151-165.

[2] Kumapley R K, Fricker J D. Review of methods for estimating vehicle miles traveled [J]. Journal of the Transportation Research Board, 1996, 1551: 59-66.

[3] Miller E J, Ibrahim A. Urban form and vehicular travel: some empirical findings[J]. Journal of the Transportation Research Board, 1998, 1617: 18-27.

[4] Mokhtarian P L, Cao X. Examining the impacts of residential self-selection on travel behavior: a focus on methodologies[J]. Transportation Research Part B: Methodological, 2008, 42(3): 204-228.

[5] Rosenbaum P R, Rubin D B. The central role of the propensity score in observational studies for causal effects[J]. Biometrika, 1983, 70(1): 41-55.

[6] Wang D, Cao X. Impacts of the built environment on activity-travel behavior: are there differences between public and private housing residents in Hong Kong? [J]. Transportation Research Part A: Policy and Practice, 2017, 103: 25-35.

[7] Dong H. Rail-transit-induced gentrification and the affordability paradox of TOD[J]. Journal of Transport Geography, 2017, 63: 1-10.

[8] Friedman J H. Greedy function approximation: a gradient boosting machine[J]. Annals

of Statistics, 2001, 29(5): 1189-1232.

[9] Lee B K, Lessler J, Stuart E A. Weight trimming and propensity score weighting[J]. Plos One, 2011, 6(3): e18174.

[10] Harder V S, Stuart E A, Anthony J C. Propensity score techniques and the assessment of measured covariate balance to test causal associations in psychological research[J]. Psychol Methods, 2010, 15(3): 234-249.

[11] Lee B K, Lessler J, Stuart E A. Improving propensity score weighting using machine learning[J]. Statistics in Medicine, 2009, 29(3): 337-346.

[12] Elith J, Leathwick J R, Hastie T. A working guide to boosted regression trees[J]. Journal of Animal Ecology, 2008, 77(4): 802-813.

[13] D'Agostino R J. Propensity score methods for bias reduction in the comparison of a treatment to a non-randomized control group[J]. Statistics in Medicine, 1998, 17(19): 2265-2281.

[14] Cohen J. Statistical power analysis for the behavioral sciences[M]. 2nd ed. New York: Routledge, 1988.

[15] Mokhtarian P L, Van Herick D. Quantifying residential self-selection effects: a review of methods and findings from applications of propensity score and sample selection approaches[J]. Journal of Transport and Land Use, 2016, 9(1): 9-28.

[16] Cao X J. Exploring causal effects of neighborhood type on walking behavior using stratification on the propensity score[J]. Environment and Planning A: Economy and Space, 2010, 42(2): 487-504.

[17] Zhao C, Nielsen T A S, Olafsson A S, et al. Urban form, demographic and socio-economic correlates of walking, cycling, and e-biking: evidence from eight neighborhoods in Beijing[J]. Transport Policy, 2018, 64: 102-112.

[18] Sun B, Ermagun A, Dan B. Built environmental impacts on commuting mode choice and distance: evidence from Shanghai[J]. Transportation Research Part D: Transport and Environment, 2017, 52: 441-453.

[19] Khan M, Kockelman K, Xiong X. Models for anticipating non-motorized travel choices, and the role of the built environment[J]. Transport Policy, 2014, 35: 117-126.

[20] Yang S, Fan Y, Deng W, et al. Do built environment effects on travel behavior differ between household members? A case study of Nanjing, China[J]. Transport Policy, 2017, 60: 1-17.

[21] Lee J S, Christopher Zegras P, Ben-Joseph E, et al. Does urban living influence baby boomers' travel behavior? [J]. Journal of Transport Geography, 2014, 35(Supplement C): 21-29.

[22] Cao X J, Xu Z, Fan Y. Exploring the connections among residential location, self-selection, and driving: propensity score matching with multiple treatments [J]. Transportation Research Part A: Policy and Practice, 2010, 44(10): 797-805.

[23] Chen F, Wu J, Chen X, et al. Vehicle kilometers traveled reduction impacts of transit-oriented development: evidence from Shanghai city[J]. Transportation Research Part D: Transport and Environment, 2017, 55: 227-245.

[24] Calthorpe P. The next American metropolis: ecology, community, and the American dream[M]. Princeton: Princeton Architectural Press, 1993.

[25] Cervero R. Transit-oriented development in the united states: experiences, challenges, and prospects[M]. Washington DC: Transportation Research Board, 2004.

[26] Transportation of Maryland Department. Report to governor Parris N. Glendening from the transit-oriented development task force[R]. Annapolis: Transportation of Maryland Department, 2000.

[27] Bricka S, Sener I N, Dusza C, et al. Factors influencing walking in small urban region [J]. Journal of the Transportation Research Board, 2012, 2307: 52-59.

[28] Tobin J. The application of multivariate probit analysis to economic survey data[R]. Yale: Cowles Foundation for Research in Economics, 1955.

[29] 中国城市轨道交通协会. 2017 中国城市轨道交通年度统计分析报告[R]. 北京: 中国城市轨道交通协会, 2018.

[30] 宇恒可持续交通研究中心. 2016 中国城市轨道 TOD 发展指数报告[R]. 北京: 宇恒可持续交通研究中心, 2017.

第五章 街道步行性与行人步行评分调研分析

研究构成街道步行性的街道环境因素对行人的步行体验的影响需要 2 部分数据，即表征街道环境的数据和表征步行体验的数据。本章设计街道测量调查与街道视频评分调查获取上述数据，并对数据进行分析。

5.1 街道步行性研究综述

服务水平(LOS)是道路交通评估的重要指标，其综合考虑了道路交通设施状况和交通服务质量，并从高到低，划分为 A～F 6 个等级。服务水平不仅可以对机动车交通进行评价，也越来越多地被用来评估行人、自行车、公共交通的运行情况。与常用的机动车服务水平相比，步行服务水平(PLOS)的计算更加复杂。评估步行服务水平的方法可以分为 2 类：第 1 类是基于步行设施容量和步行流量的模型，即传统的服务水平模型；第 2 类是基于街道属性(包括步行设施和其他街道环境)的模型，其由于与传统的服务水平模型相比，考虑了影响步行的物质环境因素，也被称为步行性分析方法。另外也有一些研究使用了混合的模型。

评估步行服务水平的指标中，最常用的是行人流量和人行道容量。Fruin 在 1971 年提出了基于人行道容量和行人流量的步行服务水平的计算方法[1]。该方法与机动车服务水平的计算方法类似，是第一种计算步行服务水平的方法，被 1985 年版和 2000 年版的美国公路通行能力手册采用[2,3]。国内的交通工程手册[4]和大部分包含步行交通的道路设施规划设计导则中也都是采用这种方法。然而这种与机动车服务水平类似的计算方法仅分析了人行道的步行流量和设施容量的关系,并没有分析行人的安全性或行人对环境的体验,因此遭到很多学者批评[5]。有些街道虽然有足够的人行道宽度,但对行人来说很可能存在危险或并不舒适、愉悦。另外,划分不同服务水平等级(也可以理解为拥挤程度)的标准是基于美国文化,在迁移到我国时并没有进行调整,但不同文化背景下行人对步行通行空间的诉求和舒适性的感知并不相同。比如 Tanaboriboon 等在泰国曼谷的研究发现,泰国的行人与美国的相比能够容忍更小的空间,人行道有更大的行人流量[6]。

其他一些研究在计算步行服务水平中额外加入了一些重要的变量。Lautso 和 Murole 在 1974 年研究了影响步行设施的环境因素[7]。Seneviratne 和 Morrall 在 1985 年提出应该增加步行吸引点的数量这一影响步行环境的重要因素,这些步行吸引点包括商场、超市、饭店等[8]。Sarkar 在 1993 年也采用了 A~F 的 6 级步行服务水平,但使用定性分析方法将舒适性、便利性、吸引力、交通安全、连续性、社会治安及系统一致性作为主要影响因素来评价街道服务水平[9]。Khisty 在 1994 年提出了一个定量分析方法,将吸引力、舒适性、便利性、交通安全、社会治安、系统一致性、系统连贯性作为主要影响因素,与美国公路通行能力手册使用的基于行人流量、速度、密度的 6 级步行服务水平标准相结合,作为评价步行设施运行状况和排序设施改善计划的方法[10]。Mozer 在 1994 年提出了基于 4 个主要因素的步行服务水平模型,即人行道单位宽度的流量、最外侧车道的缓冲空间、最外侧车道的机动车流量、最外侧车道的机动车车速。其他一些次要因素包括街道步行空间与建筑内部空间的渗透度、重型车流量、交叉口等待时间。该方法并没有对设施的设计要素采用统一的评价标准,而是根据使用者的意见进行评分[11]。Landis 等在 2001 年提出了一个主要关注路段的步行服务水平的计算方法,将人行道宽度、有无人行道、机动车车速、机动车流量、机动车车道数、行人和机动车间的缓冲情况作为影响步行服务水平的主要因素[12]。与 Landis 等考虑的指标类似,佛罗里达州交通运输部开发了一种可以适用于多种交通模式的服务水平分析方法。该方法通常被用于一些以混合土地开发、多模式交通为特点的区域,其采用的构成行人对街道体验的最重要因素为有无人行道、行人和机动车间隔距离、物理隔离措施、机动车交通的流量和速度,次要因素包括街道几何设计、交通信号等[13]。这种方法比传统的步行服务水平有了很大程度的提升,并被纳入 2010 年版的美国公路通行能力手册中[14]。但该方法也存在一些缺点,比如仅有人行道的分析方法,没有人行过街设施的分析方法。行人服务水平并没有考虑一些街道背景因素,其中包括居住和商业密度、街道活动、街道连通性等。Sarkar 在 2003 年提出了另外一种基于物理、生理和心理的因素步行服务水平模型。这个模型考虑微观层面上影响行人舒适性的设计细节，其中包括老年人、儿童、身体不便的行人。但是这个模型仅包括少量街道舒适性指标，如人行道是否连续、是否有沿街的座椅和街道家具、绿色交通方式的使用和街道上机动车数量[15]。Dixon 在 1996年、Jensen 在 2007 年的研究则考虑了包括行人尺度的路灯、树木、座椅在内的街道设施对步行服务水平的影响[16,17]。Tan 等在 2007 年将机动车出入口数量、行人流量、自行车流量、机动车流量、机动车道和人行道间距作为评估行人情况的影响因素[18]。Henson 在 2000 年对步行服务水平的分析方法做的综述中总结：基于以往研究，显著影响步行服务水平的因素有舒适性、便利性、交通安全、社会治安、经济性[19]。Ewing 等人在 2006 年评价已有街道设计理念中提及的与步行性相关的街道设计因素，根据城市设计专家小组的视频打分，确定街道的形象性、视觉的围合、人的尺度、透视度和街景的复杂度对步行性的影响[20]。

　　上述研究通常采用的数据采集方法包括问卷调查、现场观测、视频技术等。而采用的分析方法通常是主观评分或回归分析。主观评分需要设计打分列表，参与评分者依据列表内容评估步行环境（可能是实地评分，也可能是观看视频评分）。主观评分的好处是容易理解、使用和解释，尤其是对于非专业技术人员来说。针对不同的街道类型，打分体系也易于调整，但指标的权重常由研究者自己选取，主观性较强，针对不同特性的人群，模型结果可能存在偏差。用回归分析的优点是能客观地估计指标的参数或权重，但也需要较多数据来估计模型，因此需要花费更多时间和精力，模型也往往仅针对特定的街道类型。

5.2　影响街道步行性的街道环境特征

　　街道是城市中步行活动发生最频繁的空间，不仅是交通规划中关注的交通设施，也是城市设计中关注的公共空间。街道空间以路缘石为界，可以划分为车行空间与步行空间。街道车行空间的组成要素在不同的规范中命名比较统一，包括机动车道、非机动车道、路边停车带、中央分隔带、机非分隔带。然而街道步行空间的组成要素在不同的规范中却有着不同的名称。本书统一采用住建部 2013 年颁布的《城市步行与自行车交通系统规划设计导则》[21]中的命名方法，将步行道划分为绿化带或设施带、人行道、建筑前区（包括道路红线以外的建筑退线空间及道路红线以内绿化带或设施带），如图 5.1 所示。其中人行道为完全的行人通行空间。设施带可以设置街道家具、街道景观、路灯、公交车站、广告标牌等。建筑前区的提法旨在弱化道路红线对步行空间的分割,提供街边活动与行人通行之间的缓冲,可灵活布置绿化或街道家具。如果背靠墙体的话,也可以设计成绿化带。

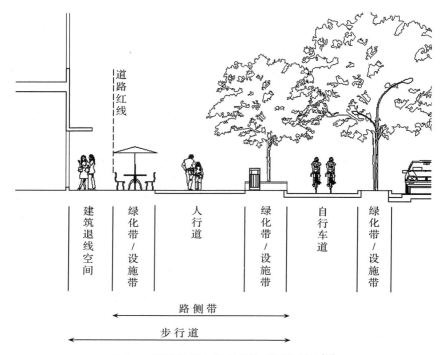

图 5.1　街道步行空间相关构成要素示意[21]

很多街道环境特征都会对街道步行性产生影响,研究根据其在街道中所处的空间位置,将其分为车行道范围内的街道环境特征、步行道范围内的街道环境特征和临街建筑相关的街道环境特征等 3 类。

5.2.1　步行道范围内的街道环境特征

人行道是最直接影响步行环境的街道环境特征,在几乎所有街道步行性的研究中,人行道是否存在与人行道的宽度是重要的影响因素[22,23]。人行道的最小宽度是步行设计规范中最重要的指标,住建部认为最小的人行道宽度应为 2.0～2.5m[24]。在美国的一些步行设计导则中,极限的最小人行道宽度通常为 3 英尺(约 0.9m,1 英尺≈0.3m),即 2 个成年步行者对向行走不产生冲突所需要的最小宽度[25]。已有的研究通常认为随着人行道宽度增加、人流密度降低,步行的舒适性将提高。一方面是因为行人能享有更大的步行空间,步行路线和速度能更少地受到其他行人的制约或影响。另一方面是当人行道较宽时,人行道靠近车行道的部分被使用的可能性更小,可以近似认为是人行道与车行道之间的缓冲区域、行人与车辆之间距离的增大能提高行人的步行安全性。人行道的坡度和铺装也是影响街道步行性的重要因素,坡度大或者崎岖不平的人行道都会影响步行的舒适性[26]。

路灯、电线杆、邮箱、报刊亭、电话亭、废物箱和广告牌等附属设施通常需要集中布置在设施带上,但在很多城市,由于相关部门间缺乏协调等,这些设施可能会零散地侵入人行道,与违章占道经营的小摊贩、违章停放的自行车、机动车一起成为阻碍步行的障碍物。为了考虑这些因素对步行交通的影响,一些研究中提出了有效步行宽度的概念,即排除垃圾桶、树木、消防栓、路灯、座椅、公交车站等街道附属设施所占用的空间后剩余的人行道宽度,国外称之为"Clear Passage"。

街道绿化,尤其是高大的乔木对街道品质有重要的影响。雅各布斯认为行道树的 2 个重要作用是遮阳和分隔步行空间与车行空间[26]。Ewing 的研究表明行道树是影响乘客到公共交通站点路径选择的 5 个最重要因素之一[27]。良好的街道照明,特别是主要为行人服务的照明设施,在夜间能够提升行人的步行安全性[28]。一些研究也提到街道家具对行人的影响,但通常只涉及供行人使用的座椅,很少探讨其他街道家具[27]。

5.2.2　车行道范围内的街道环境特征

行人作为处于弱势地位的交通群体,在机动车流量大或速度快时,容易产生不安全感。车辆增多带来的空气污染、噪声污染也会降低行人的步行舒适性。许多研究将机动车道宽度作为影响行人对步行安全性和舒适性感知的重要因素,认为越宽的车行道越容易带来更多的车流量和更快的车速。因此,《精明增长指南》中提出路缘石间车行空间最理想的宽度是 24 英尺(约 7.3m),在单侧停车后可以供 2 辆对向行驶的机动车慢速会车[29]。较窄的机动车道宽度还能缩短行人过街的距离,使街道更加适宜步行[28]。通过宁静化设计减少机动车流量、降低机动车车速,也能使街道变得更加适宜步行[20]。Day 等提出的"欧文-明尼苏达清单"(Irvine-Minnesota Inventory)采用车道数描述车行空间[30]。Emery 等提出的"步行舒适性评估表"(Walking Suitability Assessment Form)中将车行道按照车道数分为 3 类,即少于 3 条车道、3~4 条车道和多于

4 条车道[22]。机动车对于行人的影响也与街道空间的分配密切相关。当有较大的缓冲空间时,机动车对行人的干扰并不显著,而当机动车与行人混行时,相互间的冲突会严重影响行人的步行安全性与舒适性。

利用路缘石分割街道空间能保护行人不受机动车的威胁,但仅仅如此,不足以创造安全与宁静的步行环境,介于机动车道与人行道之间的缓冲区域非常重要。缓冲区域是指能在行人与行驶的机动车之间起到侧向隔离效果的区域,国外研究认为其包括 3 类街道环境要素:设施带或绿化带、路边停车带、非机动车道。有很多研究认为,缓冲区域能降低快速行驶的机动车对行人产生的负面影响,增加行人的步行安全性和舒适性[12,26,31]。靠近车行道一侧的绿化带和设施带也能起到与缓冲区域类似的作用。其中效果最好的是路缘石边种植树木,如果树木间的距离适宜,就能营造相对隔离的步行空间,最大程度地增加行人的步行安全性。尽管国外的研究认为路边停车和自行车道可以增加缓冲区域,但在国内,路边停车带、自行车道能否起到缓冲区域的效果,还有待验证。

5.2.3　临街建筑相关的街道环境特征

临街建筑对步行性也有着很大的影响。比如通透性,雅各布斯认为优秀的街道的边缘往往是透明的,使得公共区域与半公共区域或私人区域能够互动。因此,建筑底层的混合使用尤其是商业使用,以及建筑底层的门窗带来的通透性,能使行人感觉步行并不单调乏味[26]。临街建筑对街道也有监视功能,建筑低层的窗户能让行人觉得建筑内的人能够随时看到街道的情况,尤其是夜间,能够增加行人的步行安全性。

城市设计理论认为街道应该有清晰的边界。街道的边界在垂直方向由建筑物的高度、围墙和沿街的行道树定义,水平方向则取决于街道的宽度(建筑间的距离)。街道越宽,则需要越高的高度去定义边界。赫尔曼·梅尔滕斯(Hermann Maertens)和汉斯·布卢门菲尔德(Hans Blumenfeld)使用人类尺度(可以辨出人形的最远距离)和亲密尺度(可以辨出人的面孔的最远距离)来分析建筑尺度。他们认为,对于建筑高度为 3 层(30 英尺,约 9m)、建筑宽度为 36 英尺(约 11m)的建筑,当街道宽度为72 英尺(约 22m)时,接近人类尺度的极限。而亲密尺度要更小一些,它要求建筑高度不超过 21 英尺(约 6m),建筑宽度不超过 24 英尺(约 7m),街道宽度不超过 48 英尺(约 15m)[26]。雅各布斯建议最好的建筑高度和街道宽度比例是 1.0∶3.3;当小于 1.0∶2.2 时,会有很强烈的围合感;

当大于 1：5 时，围合感非常弱[26]。由于行人的视线范围内往往存在多个建筑，Knaap 等建议采用以平均建筑高度和平均建筑宽度为参数，对街道围合进行计算[23]。

　　总的来说，影响行人步行体验的街道环境特征非常多，即使是同一元素，不同的研究对这些元素作用的评判也可能存在差异。另外，尽管美国等发达国家对影响步行体验的街道环境特征开展了诸多研究，但由于地域、文化、环境之间的差异，得出的研究结论却不尽相同[32,33]。我国城市在步行道的设置形式、多模式混合的交通流构成、高密度的建成环境等方面与美国等发达国家显著不同，使得步行道、车行道、临街建筑等街道环境特征也有所差异，不同的地域文化也会造成行人对步行的不同偏好，因而国外的研究结论并不能直接用于指导我国的街道设计实践。另外，目前大多数研究中纳入的街道环境特征较少，不足以全面描述街道步行环境。因此，在国内城市开展影响步行体验的街道环境特征研究尤为必要。

5.3　街道测量调查设计与分析

5.3.1　街道测量调查设计

　　为了研究街道环境特征对行人步行感知的影响，上一节总结的街道环境特征都是街道步行性的建模潜在变量。街道环境特征非常微观，需要通过实地调查和测量获得。考虑到其数量非常多，从实际操作的角度来看，需要对街道环境特征进行一定的筛选。筛选基于以下原则。首先，研究关注于静态的、物质的街道环境特征，也就是规划设计中可以控制或考虑的因素，因此排除了一些不属于街道物质环境且会随着时间变化的因素，比如机动车车速、机动车流量、行人流量等交通运行状况。其次，排除一些比较难以测量的因素，比如街道照明程度等。最终选择车行道范围内的街道环境特征、步行道范围内的街道环境特征、临街建筑相关的街道环境特征等 3 类共计 23 项街道环境特征。表 5.1 为这 23 项街道环境特征。一些涉及宽度、条数等街道环境特征需要填入数值，因此表中对部分街道环境特征的测量要求进行了说明；其余街道环境特征需要在提供的选项中进行选择，这些选项都是基于南京街道实地调查总结提出的，囊括了在调查中遇见的所有情况。

表 5.1　待测量的街道环境特征及说明

车行道范围内的街道环境特征

1	机动车道总宽度/m	双侧,不包括路边停车带及利用中央分隔带设置的左转或掉头车道
2	机动车道总条数	双侧,不包括路边停车带及利用中央分隔带设置的左转或掉头车道
3	中央分隔带宽度/m	
4	中央分隔带类型	0—无,1—隔离栏,2—绿化带
5	路边停车带宽度/m	
6	路边停车带类型	0—无,1—平行,2—垂直,3—倾斜
7	非机动车道宽度/m	单侧
8	机非分隔带宽度/m	
9	机非分隔带类型	0—无,1—隔离栏,2—绿化带

步行道范围内的街道环境特征

10	人行道宽度/m	单侧,仅指人行通行区,不包括绿化带、设施带、停车带等
11	步行障碍类型	0—无,1—自行车停放,2—机动车停放,3—报刊亭与早餐点等,4—电线杆与垃圾桶等,5—阻车桩
12	步行障碍度	0—无,1—不严重,2—严重
13	铺装类型	0—面包砖,1—水泥,2—沥青,3—彩色铺装
14	铺装平整度	0—平整,1—不平整
15	设施带宽度/m	
16	设施带类型	0—无,1—绿化,2—市政设施,3—自行车停放,4—机动车停放
17	建筑后退距离/m	
18	建筑后退用途	0—无,1—空地,2—绿化,3—停车,4—台阶
19	街道家具	只考虑公共座椅,0—无,1—有
20	树荫遮盖度	0—基本无遮盖,1—小部分(约1/3)遮盖,2—大部分(约2/3)遮盖,3—基本全部遮盖

临街建筑相关的街道环境特征

21	建筑平均层数	
22	建筑底层用途	0—商业,1—住宅,2—办公,3—其他
23	建筑底层透视度	0—建筑面朝,1—透明围墙,2—不透明围墙,3—建筑背朝

　　车行道范围内的街道环境特征共分4类,包括9项。①机动车道总宽度与机动车道总条数。由于机动车道对步行感知的影响更多是总体上的,因此并不逐一测量每一条机动车道宽度,这也简化了实地测量的操作。这里所指的机动

车道仅为机动车通行道,排除用于路边停车的道路空间,也排除部分道路使用缩窄中央分隔带设置左转或掉头车道的道路空间,这一部分通常在路段中所占比例较小,将计入中央分隔带宽度中。②中央分隔带宽度和中央分隔带类型。可选择的中央分隔带类型包括无、隔离栏、绿化带。③路边停车带宽度和路边停车带类型。可选择的路边停车带类型包括平行、垂直、斜角。④非机动车道宽度、机非分隔带宽度与机非分隔带类型。可选择的机非分隔带类型包括无、隔离栏、绿化带。

步行道范围内的街道环境特征分 6 类,包括 11 项。①人行道宽度、步行障碍类型、步行障碍度。考虑到人行道可能会被一些障碍物侵入,因此也需要记录步行障碍。步行障碍类型有 6 个选项,分别是无、自行车停车、机动车停车、报刊亭与早餐点等、电线杆与垃圾桶等、阻车桩。如果这些步行障碍同时存在,可以多选。步行障碍度分为无、不严重、严重。需要说明的是,步行障碍的统计范围应与街道视频中的可视范围相同。②铺装类型、铺装平整度。这里的铺装仅指人行道铺装,可选的类型有:面包砖、水泥、沥青、彩色铺装。铺装平整度有平整、不平整。③设施带宽度、设施带类型。设施带类型有 5 个选项,分别是无、绿化、市政设施(垃圾桶、电线杆、邮筒等市政公用设施)、自行车停车、机动车停放,可以进行多选。④建筑后退距离、建筑后退用途。建筑后退用途有 5 个选项,分别是无、空地、绿化、停车、台阶。⑤街道家具。街道家具种类非常多,这里只统计是否有可供行人休息的座椅,因此仅有无、有 2 个选项。⑥树荫遮盖度。以人行道中心线为标准,按照被遮盖的程度大致分为 4 种类型,分别是基本无遮盖、小部分(约 1/3)遮盖、大部分(约 2/3)遮盖、基本全部遮盖,这种分类方法在实际调研时比较容易操作。

临街建筑相关的街道环境特征包括 3 项。①建筑平均层数。为视频可视范围内建筑的平均层数。②建筑底层用途。按照建筑分类标准,可以将建筑分为居住建筑(住宅、宿舍)和公共建筑(教育、办公、科研、文化、商业、体育、医疗、交通、司法、纪念、园林、综合)。根据南京实地调研的情况使用其中 4 种类型,分别是商业、住宅、办公、其他。③建筑底层透视度。包括 4 种类型,按照透视度,由高到低分为建筑面朝、透明围墙、不透明围墙、建筑背朝。

5.3.2　街道测量调查分析

基于以上研究确定的 23 项街道环境特征,设计用于街道测量的调查表格。调研中所有与宽度有关的街道环境特征均采用电子测距轮进行测量。电子测距轮被广泛地用于建筑、市政行业的测量中,其测量精度为 0.1m。

笔者一行 4 人对南京的 18 条街道进行了调研,街道调查点的分布如图 5.2 所示。由于每一条街道的上行与下行方向是不同的,因此可得到 36 个步行断面的数据。调研共花费 2 天时间,总计约 10h。调查人员的分工如下:一人使用轮式测距仪对涉及宽度的街道环境特征进行测量;一人持调查表格记录测量结果及其他可以直接观测的街道环境特征;一人对街道进行拍照记录;一人使用摄像机基于行人的视角对街道进行不少于 5min 的录像。

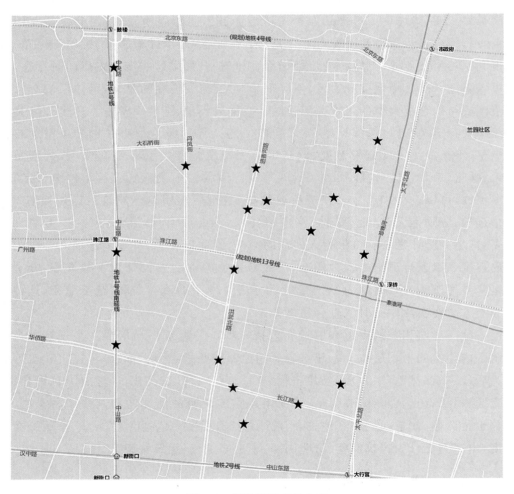

图 5.2　街道调查点的分布

　　对调查得到的 18 条街道(36 个步行断面)的 23 项街道环境特征分别进行描述性统计分析。由于有些是连续变量,有些是分类变量,因此其分为 2 个表进行数据的描述性统计分析:表 5.2 展示连续变量,使用最小值、最大值、均值和标准差描述;表 5.3 展示分类变量,使用每一分类的频数和频率描述。

表 5.2　街道环境特征的描述性统计连续变量分析

		最小值	最大值	均值	标准差
车行道范围内的街道环境特征					
1	机动车道总宽度/m	3.1	21.0	12.35	6.95
2	机动车道总条数	1.0	6.0	3.83	2.17
3	中央分隔带宽度/m	0.0	4.5	0.56	1.42
5	路边停车带宽度/m	0.0	2.3	0.66	0.95
7	非机动车道宽度/m	0.0	4.0	1.97	1.50
8	机非分隔带宽度/m	0.0	3.0	0.73	0.81
步行道范围内的街道环境特征					
10	人行道宽度/m	0.0	6.2	2.55	1.43
15	设施带宽度/m	0.0	2.9	1.18	0.89
17	建筑后退距离/m	0.0	22.0	3.52	5.42
20	树荫遮盖度	0.0	1.0	0.64	0.42
临街建筑相关的街道环境特征					
21	建筑平均层数	1.0	20.0	5.78	4.57

表 5.3　街道环境特征的描述性统计分类变量分析

车行道范围内的街道环境特征						
4	中央分隔带类型	无	隔离栏	绿化带		
		28	2	6		
6	路边停车带类型	无	平行	垂直	倾斜	
		24	12	0	0	
9	机非分隔带类型	无	隔离栏	绿化带		
		13	7	16		

步行道范围内的街道环境特征

11	步行障碍类型	无	自行车停车	机动车停车	报刊亭与早餐店等	电线杆与垃圾桶等	阻车桩
		21	8	1	2	5	2
12	步行障碍度	无	不严重	严重			
		21	8	7			
13	铺装类型	面包砖	水泥	沥青	彩色铺装		
		34	1	2	0		
14	铺装平整度	平整	不平整				
		35	1				
16	设施带类型	无	绿化	市政设施	自行车停放	机动车停放	
		9	20	5	14	3	
18	建筑后退用途	无	空地	绿化	停车	台阶	
		14	5	7	5	6	
19	街道家具	无	有				
		33	3				

临街建筑相关的街道环境特征

22	建筑底层用途	商业	住宅	办公	其他		
		20	7	6	3		
23	建筑底层透视度	建筑面朝	透明围墙	不透明围墙	建筑背朝		
		22	2	6	6		

5.4 行人步行评分调查设计与分析

5.4.1 步行评分调查设计

英国人文地理学家威廉·柯克(William Kirk)根据心理学理论建立了一种空间认知模式。他认为能看见的现象环境只有通过人对其的感知和评价,才能决定人在环境中的行为,如图 5.3 所示。其中,感知是一个获得意识或理解知觉信息的过程。一个人所感知的是过去的经验、自己的文化及对感觉到的事物的解释这三者之间相互作用的结果。

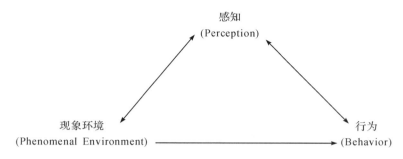

图 5.3　现象环境、感知、行为三者的关系

借鉴到街道步行性的研究中,街道步行环境本质是步行设施和与之相关的景观及服务设施所组成的城市空间,是真实存在的现象环境。感知的角色是步行环境和步行行为之间的中介。步行环境特征直接和间接地通过个体的感知影响着步行行为,而不同个体对步行环境的感知,不仅取决于物质环境,也需要考虑到个人的态度和偏好。因此,街道步行性很大程度上是主观的,比如普通人可能比城市设计专家对街道步行性的定义更狭窄,在评估步行性时往往集中在自己的需求和兴趣上。街道步行性的研究需要同步考虑现象环境和人的因素。

要了解行人对街道步行性的主观感受,通常有 3 种方法:现场问卷调查、视频问卷调查、实地走访调研。其中,现场问卷调查比较常见,通过调查员随机访问街道上的行人,现场邀请行人对该街道的步行环境和步行在该街道上的感知进行评价。这类方法最为直接,但由于不同的人对同样的街道看法可能存在较大差异,因此,对每一条街道的调查都需要有一定数量的样本,而且样本最好能平均覆盖不同性别和年龄层。当需要调研的街道数量较多时,该方法所需要的时间和资金较大。视频问卷调查的方法在国外街道步行性研究中应用较多。该方法是首先拍摄街道视频,然后邀请被调查者通过在室内观看视频的方式对街道的步行环境进行打分。由于每一个被调查者可以对多条街道进行打分,该方法成本较低,而且比较容易控制问卷回答的质量和数据的有效性,但也可能存在被调查者通过看视频想象在街道上行走的感受和实际在街道上行走的感受不一致的问题。实地走访调研是通过设计线路,组织一定数量的调查人员按照线路对街道一一走访,途中进行现场打分。由于调研的街道数量较多,从时间和资金的可行性方面考虑,本次研究采用了视频问卷调查的方法。在拍摄视频时,尽可能使视频的视角和行人在街道上真实行走的视角一致。

本研究设计了 4 个针对街道步行环境特定方面的问题,分别是畅行性、安全性、舒适性、愉悦性。其中,畅行性关注人行道宽度与通行阻碍等,安全性关注机动车、非机动车的干扰等,舒适性关注街道两侧建筑与街道尺度等,愉悦性关注街道绿化与街景等。对个人感知的调查往往会涉及感知程度,为了便于度量和统计,使用李克特量表法对这些问题和答案进行表述。这4个问题的认同程度表述都采用5个等级。比如,关于畅行性的问题为"你是否觉得人行道拥挤或障碍多,并因此难以行走",相应的5个认同程度选项为"1.非常难行走,2.比较难行走,3.一般,4.容易行走,5.非常容易行走"。最后1个问题是对步行环境的总体评价,研究参照常用的服务水平的评价标准,将其分为A~F 6个等级,每个等级分别对应非常好、好、一般、不太好、不好、非常不好。所有的调查问题和选项如表5.4所示。

表5.4　街道视频问卷调查的问题

问题一:畅行性	你是否觉得人行道拥挤或障碍多,并因此难以行走?
	1. 非常难行走,2. 比较难行走,3. 一般,4. 容易行走,5. 非常容易行走
问题二:安全性	你是否觉得机动车、非机动车对步行有干扰,并因此感到不安全?
	1. 非常不安全,2. 不安全,3. 一般,4. 比较安全,5. 很安全
问题三:舒适性	你是否觉得街道过宽或过窄、建筑过高,并因此感到街道的尺度不适宜?
	1. 非常不适宜,2. 不适宜,3. 一般,4. 比较适宜,5. 非常适宜
问题四:愉悦性	你喜欢街道的街景和绿化吗?
	1. 非常不喜欢,2. 不喜欢,3. 一般,4. 比较喜欢,5. 非常喜欢
问题五:总体评分	你对街道步行环境的总体评分是多少?
	A. 非常好,B. 好,C. 一般,D. 不太好,E. 不好,F. 非常不好

　　调查采用的视频素材来源于街道测量调查时使用摄像机记录下的36段街道视频,原始的视频长度为每段超过5min。后期从每一段视频素材中分别截取了时长为1min的视频,供视频问卷调查使用。笔者在2014年6月共组织了2次室内视频问卷调查,第1次参与人数为9人,第2次参与人数为6人,参与人员为交通规划和城市规划专业的研究生。2次视频问卷调查参与人数规模均比较小,可以更好地控制调查的过程和质量。每次调查时间总计约1h:首先,笔者介绍调查内容、说明调查表格填写的注意事项,用时约5min。然后,为了让被调查人员预先对所有街道的总体状况有一个了解,形成自己的打分尺度,在视频问卷调查前先以幻灯片的形式随机展示所有街道视频截图,用时约5min时间。最后,在完成上述2项准备工作后正式开始播放视频,每段视频播

放时间为 1min,被调查者在视频播放过程中完成打分。由于连续观看视频和打分容易产生疲劳,因此将 36 段视频分 3 次播放,中途休息 2 次,这样完成整个视频播放流程需要 50min 左右。

5.4.2 步行总体评分分析

基于 15 人对 36 个视频评分,得到 540 条有效评分数据,可以对步行总体评分进行描述性的统计分析。图 5.4 为街道步行总体评分的概率分布图。横轴为 A~F 6 个步行总体评分等级,纵轴是各步行总体评分等级在所有的 540 条评价中所占的百分比。从图中可以看出,总体上,B、C 级所占比例最大,其次为 D、E 级,A、F 级所占比例较少。

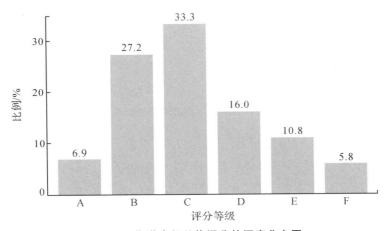

图 5.4 街道步行总体评分的概率分布图

为了便于不同组间的横向比较,将步行总体评分中 A~F 的分级分别赋予为 5~0 的分值,其中 A 级为 5 分,F 级为 0 分。18 条街道中共有主干路 8 条、次干路 3 条、支路 4 条、街巷 3 条。由于进行道路设计时,道路等级是影响具体街道环境特征的重要因素,相同道路等级的街道环境特征的组合比较趋同,而不同道路等级的街道环境特征的组合差异较大。图 5.5 为不同道路等级的街道步行总体评分,可以看出次干路的步行总体评分(3.38)稍高于支路(3.10)与主干路(3.05),均略高于 C 级;而街巷的步行总体评分(1.54)评价则远低于干路和支路,介于 D 级与 E 级之间。采用方差分析检验道路等级对街道步行总体评分影响的显著性,检验得到自由度为 3 时,F 值为 51.21,对应的 p 值为 0.000,表明道路等级对街道步行总体评分的影响是非常显著的。

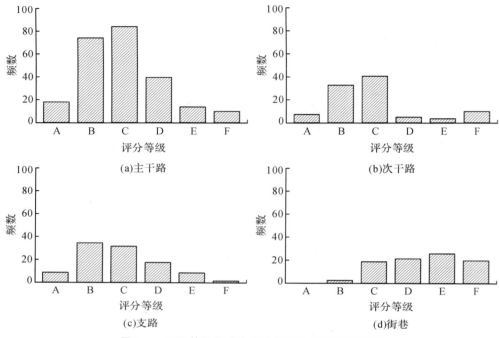

图 5.5 不同等级街道步行总体评分的概率分布图

对 4 种不同等级的街道进行 TukeyHSD 检验，可以得知不同等级的街道两两之间的步行总体评分差异是否显著，如图 5.6 所示。检验结果显示街巷的总体步行评分显著低于主干路、次干路、支路的总体步行评分，而主干路、次干路、支路相互之间的总体步行评分的差异并不显著。

5.4.3 步行单项评分分析

图 5.7 为 4 项步行单项评分的概率分布图。可以看出所有被调查的街道中，被调查者对安全性的满意度最高，对畅行性的满意度次之，对舒适性的满意度较低，而对愉悦性的满意度最低。进一步结合相应的问题来分析，安全性的问题是"你是否觉得机动车、非机动车对步行有干扰，并因此感到不安全"，畅行性的问题是"你是否觉得人行道拥挤或障碍多，并因此难以行走"。安全性和畅行性是保障步行的基本要求。舒适性的问题是"你是否觉得街道过宽或过窄、建筑过高，并因此感到街道的尺度不适宜"，愉悦性的问题是"你喜欢街道的街景和绿化吗"。舒适性和愉悦性是在满足基本要求后对步行提出的更高层次的要求，恰恰也是交通规划师或道路设计师在街道规划设计时比较容易忽略的方面。

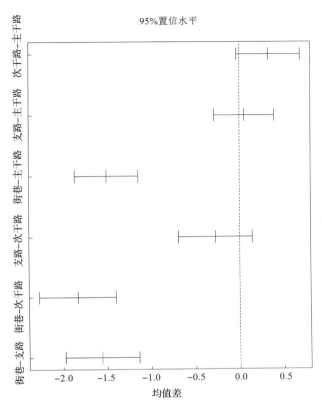

图 5.6　不同等级街道步行总体评分的 TukeyHSD 检验

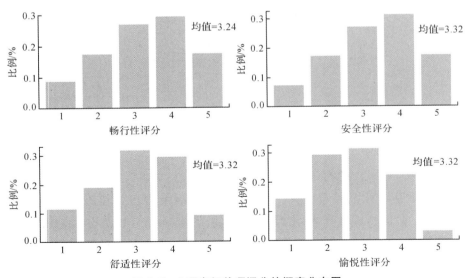

图 5.7　4 项步行单项评分的概率分布图

5.4.4 步行评分的性别差异

影响街道步行体验的个人属性非常多,其中最常见的是年龄和性别,或者是两者的不同组合,比如男性儿童、中老年女性等。由于研究中被调查者均为研究生,年龄相仿,因此仅分析性别对街道步行体验的影响。参与街道视频问卷调查的人中,有男性 7 人、女性 8 人,对于所有 36 个步行断面,不同性别的个人给出步行总体评分概率分布如图 5.8 所示。从总体上来说,女性对街道的步行总体评分比男性略低,这反映了女性对街道步行环境的要求更高。由于性别为分类变量,可以使用卡方检验判断性别对街道步行总体评分的影响是否显著。检验得到自由度为 5 时,卡方值为 11.3,对应的 p 值为 $0.045 < 0.05$,可见性别对街道步行体验的影响是比较显著的。

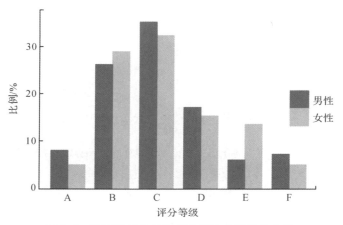

图 5.8 不同性别的步行总体评分的概率分布图

5.5 小结

本章对街道步行分析方法和影响街道步行性的街道环境特征进行了综述,提出了车行道范围内的街道环境特征、步行道范围内的街道环境特征、临街建筑相关的街道环境特征等 3 类共 23 项可能影响街道步行体验的街道环境特征。设计了街道测量调查表,选择南京 18 条街道(分上、下行共计 36 个步行断面)进行测量,并对测量结果进行了统计分析。采用李克特量表法设计了街道视频评分表,组织 15 人观看上述每一个步行断面的视频,完成街道步行评分,并对调查结果进行了统计分析。

参考文献

［1］John J F. Pedestrian planning and design［R］. Tokyo：Kajima Institute Publishing Co. Ltd，1974.

［2］Transportation Research Board. Highway capacity manual［M］. 3rd ed. 1985.

［3］Transportation Research Board. Highway capacity manual［M］. 4th ed. 2000.

［4］中国公路学会. 交通工程手册［M］.北京：人民交通出版社，1998.

［5］Asadi-Shekari Z，Moeinaddini M，Zaly S M. Disabled pedestrian level of service method for evaluating and promoting inclusive walking facilities on urban streets［J］. Journal of Transportation Engineering，2013，139(2)：181-192.

［6］Tanaboriboon Y，Guyano J. Level-of-service standards for pedestrian facilities in Bangkok：a case study［J］. Ite Journal，1989，59(11)：39-41.

［7］Lautso K，Murole P. A study of pedestrian traffic in Helsinki：methods and results［J］. Traffic Engineering & Control，1974，15(9)：446-449.

［8］Seneviratne P N，Morrall J F. Level of service on pedestrian facilities［J］. Transportation Quarterly，1985，39(1)：109-123.

［9］Sarkar S. Determination of service levels for pedestrians，with European examples［J］. Journal of the Transportation Research Board，1993，1405：35-42.

［10］Khisty C J. Evaluation of pedestrian facilities：beyond the level-of-service concept［J］. Journal of the Transportation Research Board，1994，1438：45-50.

［11］Mozer D. Calculating multi-mode levels-of-service［R］. Seattle：International Bicycle Fund，1994.

［12］Landis B W，Vattikuti V R，Ottenberg R M，et al. Modeling the roadside walking environment：pedestrian level of service［J］. Journal of the Transportation Research Board，2001，1773：82-88.

［13］Dowling R. Multimodal level of service analysis for urban streets［R］. Washington DC：Transportation Research Board of the National Academies，2008.

［14］Transportation Research Board. Highway capacity manual［M］. 5th ed. 2010.

［15］Sarkar S. Qualitative evaluation of comfort needs in urban walkways in major activity centers［J］. Transportation Quarterly，2003，57(4)：39-59.

［16］Dixon L B. Bicycle and pedestrian level-of-service performance measures and standards for congestion management systems［J］. Journal of the Transportation Research Board，1996，1538：1-9.

［17］Jensen S U. Pedestrian and bicyclist level of service on roadway segments［J］. Journal of the Transportation Research Board，2007，2031：43-51.

[18] Tan D，Wang W，Lu J，et al. Research on methods of assessing pedestrian level of service for sidewalk［J］. Journal of Transportation Systems Engineering and Information Technology，2007，7(5)：74-79.

[19] Henson C. Levels of service for pedestrians[J]. Ite Journal，2000，70(9)：26-30.

[20] Ewing R，Handy S，Brownson R C，et al. Identifying and measuring urban design qualities related to walkability[J]. Journal of Physical Activity and Health，2006，3(S1)：S223-S240.

[21] 住房和城乡建设部.城市步行与自行车交通系统规划设计导则[S].2013.

[22] Emery J，Crump C，Bors P. Reliability and validity of two instruments designed to assess the walking and bicycling suitability of sidewalks and roads［J］. American Journal of Health Promotion，2003，18(1)：38-46.

[23] Knaap G，Song Y，Ewing R，et al. Seeing the elephant：multi-disciplinary measures of urban sprawl［R］. Annapolis：National Center for Smart Growth Research and Education，2005.

[24] 住房和城乡建设部.城市综合交通体系规划编制办法[S].2010.

[25] Traffic Engineering Council Committee. Design and safety of pedestrian facilities：a recommended practice of the institute of transportation engineers[R]. [S. l.]：Traffic Engineering Council Committee，1998.

[26] 雅各布斯.伟大的街道[M].王又佳,金秋野,译.北京:中国建筑工业出版社,2009.

[27] Ewing R. Asking transit users about transit-oriented design［J］. Journal of the Transportation Research Board，2000，1735：19-24.

[28] Harkey D L，Zegeer C V. Pedsafe：pedestrian safety guide and countermeasure selection system[R]. Washington DC：Federal Highway Administration，2004.

[29] 杜安伊,斯佩克,莱顿.精明增长指南[M].王佳文,译.北京:中国建筑工业出版社,2014.

[30] Day K，Boarnet M，Alfonzo M，et al. The irvine-minnesota inventory to measure built environments[J]. American Journal of Preventive Medicine，2006，30(2)：144-152.

[31] Guttenplan M，Landis B W，Crider L，et al. Multimodal level-of-service analysis at planning level［J］. Journal of the Transportation Research Board，2001，1776：151-158.

[32] Moudon A V，Lee C. Walking and bicycling：an evaluation of environmental audit instruments[J]. American Journal of Health Promotion，2003，18(1)：21-37.

[33] Lee S，Talen E. Measuring walkability：a note on auditing methods[J]. Journal of Urban Design，2014，19(3)：368-388.

第六章 街道步行性对行人步行评分的影响

基于上一章街道测量调查和街道步行评分调查得到的数据,本章通过建模研究构成街道步行性的街道环境因素对街道步行评分的影响,为街道步行环境的设计和改善提供依据。

6.1 研究方案设计

客观的街道环境会影响主观的行人步行体验,进而影响人们是否步行的选择及步行路径的选择等步行活动。行人对街道步行体验有很多方面,比如安全性、舒适性。决定行人步行体验的并非单个或者局部的街道元素,而是相关街道元素的综合作用[1]。街道步行性的建模可以阐明行人步行体验与街道环境之间的关系。建模的总体流程为确定街道步行性的影响因素,基于街道元素构建自变量,对自变量的参数进行估计,最终得出模型结论。图 6.1 为可以采用的 4 种街道步行性建模思路。

第一种建模思路最为常规。首先基于街道元素构建自变量,进而将自变量与街道步行评分建立回归模型。采用回归模型存在的主要问题是:通常来说,即使在最理想的情况下(保证估计模型的数据量充足,依据经验规则,需要自变量个数 10 倍左右的数据量),回归模型中显著的自变量不会超过 10 个。因此,采用这种建模思路的研究中,模型自变量通常比较少。本研究对大量的街道环境因素进行了测量,但是这种建模思路由于受最多显著自变量个数的限制,无法在模型中完全考虑这些街道环境因素。

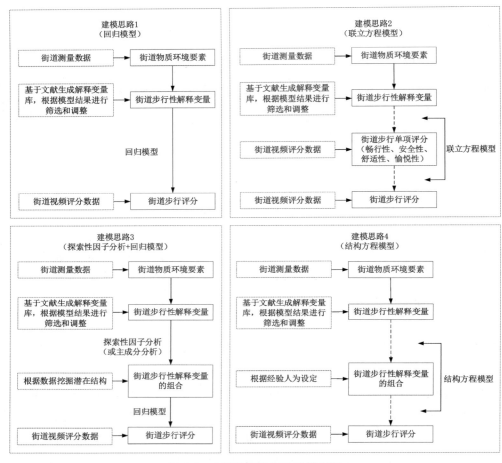

图6.1　4种街道步行性建模思路

第2种建模思路在街道总体步行评分与街道环境因素之间加入一层街道步行单项评分，即畅行性、安全性、舒适性和愉悦性4个步行单项评分，评分数据由街道视频问卷调查直接获得。这4个街道步行单项评分可以分别与一些相关的街道元素建立回归模型，再对这4个街道步行单项评分与街道步行总体评分建立回归模型，共2层5个回归模型，即联立方程模型。由于街道步行单项评分的回归模型仅包含与之相关的街道元素自变量，每个回归模型的自变量数得以显著减少，因此避免了第1种建模思路中使用单独一个回归模型对显著的自变量个数的约束。

　　第 3 种建模思路是先对大量的自变量进行降维,即用较少的公因子来体现自变量的大部分信息,以解决第 1 种建模思路中自变量过多带来的问题。其中最常用的方法是主成分分析和探索性因子分析。主成分分析能够将大量相关的变量转化为一组很少且不相关的变量,这些经过转化后的变量称为主成分。主成分是初始相关变量的线性组合,形成线性组合的权重是通过最大化各主成分所解释的方差来获得的,同时还要保证各主成分间不相关。探索性因子分析是一系列用来发现一组变量的潜在结构的方法,通过寻找一组更小的、潜在的或隐藏的结构来解释观测到的、显式的变量间的关系,这些结构称为因子。因子是变量的结构或原因,而不是它们的线性组合。在使用主成分分析或探索性因子分析对自变量进行降维后,可以使用主成分或因子建立街道步行总体评分的回归模型。主成分和因子都是根据实际数据挖掘得到的,研究人员事先并不知道其数目和构成。探索性因子分析得到的因子往往更具有解释性,更适用于街道步行性的研究。如果只是需要建立模型依据自变量估计街道步行总体评分,那么主成分分析也是可以选择的。

　　第 4 种建模思路是研究人员事先根据经验人为地设定因子的数目和构成,即开展验证性因子分析,进而根据得到的因子与街道步行总体评分建立回归模型。上述 2 个步骤的组合也被称为结构方程模型。

　　上述第 2～4 种建模思路都可以用于研究中街道步行性建模,3 种建模思路各有优、劣势,并没有绝对的最优建模思路。本研究采用第 3 种建模思路,主要基于以下考虑。第 2 种建模思路使用联立方程模型,需要使用作者之前研究中设定的 4 个街道步行性组构,即街道步行单项评分。第 4 种建模思路使用结构方程模型,需要事先设定因子数目和构成。而第 3 种建模思路使用探索性因子分析,则是直接从自变量中提取出因子。与另外 2 种建模思路相比,优点是因子并不局限于研究者个人的设定(尽可能排除研究者个人认知水平的影响),缺点是可能会得到一些不具有解释性的因子。

6.2　自变量设计与分析

6.2.1　自变量设计

　　自变量的设计是使用探索性因子分析进行建模时最为重要的环节。街道测量调查得到丰富的街道环境因素数据,其中部分街道环境因素可以直接作为自变量使用。另外,部分街道元素需要进一步计算形成自变量,以使其更具有解释性。自变量的设计,一方面参考已有的研究,另一方面需要根据探索性因子分析和回归分析的结果进行反复调试,选择能够获得最佳模型拟合水平的自变量。

自变量分为3类,分别为:车行道相关的变量、人行道相关的变量、临街建筑相关的变量。另外,对经过试验最终排除的自变量也进行了介绍。

车行道相关的变量有6个,这些变量由于关系到街道上的机动车流量和车速,因此可能会对街道步行性产生一定程度的影响。具体变量如下。①车行空间宽度:即街道两边路缘石之间的宽度,为中央分隔带、机非分隔带、机动车道、非机动车道、路边停车带的宽度之和。②机动车道总宽度:道路双向的直行车道外侧边缘线之间的宽度,不包含中央分隔带。③中央分隔带宽度:直接由街道测量调查得到。④非机动车道宽度:直接由街道测量调查得到。⑤路边停车带宽度:直接由街道测量调查得到。⑥机非分隔带宽度:直接由街道测量调查得到。

人行道相关的变量有4个,这些变量与街道步行性有最直接的关联。具体变量如下。①人行道宽度:直接由街道测量调查得到。人行道可能会被步行障碍间断性地侵入而影响行人的正常通行。有效步行宽度在理论上是更加能够直接反映行人通行空间的指标,但在实际情况中,由于步行障碍的间断性,在视频可视范围内,往往存在有效步行宽度不一致的情况,很难准确测量,因此,这里依然采用人行道宽度,与步行障碍严重程度结合,也能真实地反映步行有效通行空间情况。②步行障碍度:直接由街道测量调查得到。其分3种类型:无障碍为0;存在障碍为1;存在严重障碍为2。尽管这3种步行障碍度的类型对步行产生的影响不一定是按照0-1-2这样呈线性增加的,理论上来说,更科学的处理方法是将这3种类型转化为2个哑元变量,但哑元变量较多,会导致探索性因子分析不收敛,所以这里将步行障碍度当作连续变量处理。③设施带宽度:直接由街道测量调查得到。④树荫遮盖度:直接由街道测量调查得到。其分4种类型:基本无遮盖为0;小部分遮盖为1/3;大部分遮盖为2/3;基本完全遮盖为1。同样当作连续变量处理。树荫遮盖度越高,往往意味着行道树越密,行道树既能营造宜人的小环境,也能作为行人和机动车之间的缓冲。

与临街建筑相关的变量有 7 个,有的变量可以由街道测量调查直接得到,有的变量需要经过进一步计算。①建筑底层用途:街道测量调查中得到的建筑底层用途有 4 种,即商业、居住、办公、其他。通常认为商业类建筑底层使用对行人是最有吸引力的,容易引起行人的关注和兴趣。由此将建筑底层使用处理为哑元变量:商业为 1,居住、办公、其他均为 0。②建筑底层透视度:街道测量调查中得到的建筑底层使用包括 4 种,即建筑面朝、透明围墙、不透明围墙、建筑背朝。该变量可以反映行人能够看到沿街建筑内部的程度,通常认为更好的建筑底层透视度能为行人提供了更多样的街景,会使步行更加愉悦。因此将建筑底层透视度处理为哑元变量:透视度较高的建筑面朝、透明围墙为 1,透视度较低的建筑背朝、不透明围墙为 0。③建筑一类后退距离:建筑后退决定了行人与临街建筑物之间的距离,同时也会影响街道的尺度和围合。同样的建筑后退距离,不同的建筑后退使用方式会对行人步行的感知产生不同的影响。建筑后退用途包括空地、绿化、停车、台阶 4 种,将空间用于可步行的空地使用的作为建筑一类后退。④建筑二类后退距离:将空间用于不可步行的绿化、停车、台阶使用的作为建筑二类后退。⑤建筑到建筑的距离:街道两侧建筑界面之间的距离,为中央分隔带、机非分隔带、机动车道、自行车道、路边停车带、设施带、人行道、建筑后退等街道元素宽度的总和。⑥平均建筑高度:用建筑平均层数乘以平均建筑层高(取 3.0m)计算。⑦界面围合度:用建筑到建筑的距离除以平均建筑高度计算,其值越大,围合感越低,街道越开敞。

从街道测量调查得到的数据中还能得到另外一些自变量,但是经过反复调试,这些自变量最终被排除。主要是一些选择型变量,对于选择变量的定义,往往需要将其处理成多个哑元变量,完全转化所需的哑元变量数为选择型变量的选择数－1。哑元变量往往与其他连续变量缺乏共线性,哑元变量过多,会导致探索性因子分析不收敛,因而不太适用于探索性因子分析。排除的变量有:设施带类型、中央分隔带类型、机非分隔带类型、路边停车带类型、是否有街道家具、铺装是否平整、步行障碍类型。

6.2.2　自变量描述性统计分析

使用最大值、最小值、均值和标准差,对上述 17 个自变量进行描述性统计分析,如表 6.1 所示。从表中也可以看出街道类型的多样性。

表 6.1　17 个自变量的描述性统计分析

序号	变量名称	最小值	最大值	均值	标准差
1	车行空间宽度	6.70	30.10	19.63	9.39
2	机动车道总宽度	3.10	21.00	12.35	6.95
3	中央分隔带宽度	0.00	4.50	0.28	1.05
4	非机动车道宽度	0.00	4.00	1.97	1.50
5	路边停车带宽度	0.00	2.30	0.66	0.95
6	机非分隔带宽度	0.00	3.00	0.73	0.81
7	人行道宽度	0.00	6.20	2.55	1.43
8	步行障碍度	0.00	2.00	0.61	0.80
9	设施带宽度	0.00	2.90	1.18	0.89
10	树荫遮盖度	0.00	1.00	0.64	0.42
11	建筑底层用途(哑元)	0.00	1.00	0.56	0.50
12	建筑底层透视度(哑元)	0.00	1.00	0.67	0.48
13	建筑一类后退距离	0.00	22.00	1.67	4.74
14	建筑二类后退距离	0.00	15.20	1.72	3.62
15	建筑到建筑距离	11.30	72.60	34.13	17.57
16	平均建筑高度	3.00	60.00	17.34	13.70
17	界面围合度	0.71	14.07	3.03	2.87

　　采用皮尔逊检验计算 17 个变量相互间的相关性,图 6.2 为检验结果的相关性矩阵。矩阵的对角线元素为变量名称;下三角元素为变量相关性示意,其中▢为正相关,▨为负相关,相关性越大,则底色越深,柱体高度也相应越高;上三角元素为变量两两间的相关性值,正数为正相关,负数为负相关,括号内的数值为相关性的 95% 置信区间。其中,高线性相关性较大(绝对值大于0.5)包括:车行空间宽度与机动车道总宽度(0.97)、非机动车道宽度(0.84)、路边停车带宽度(−0.70)、机非分隔带宽度(0.72)、建筑到建筑距离(0.85),机动车道总宽度与非机动车道宽度(0.76)、机非分隔带宽度(0.62)、建筑到建筑距离(0.85),非机动车道宽度与路边停车带宽度(−0.83)、机非分隔带宽度(0.77)、建筑到建筑距离(0.69),路边停车带宽度与建筑到建筑距离(−0.50)、机非分隔带宽度与建筑到建筑距离(0.52),建筑底层用途与建筑底层透视度(0.55),建筑二类后退距离与建筑到建筑距离(0.54),建筑到建筑距离与平均建筑高度(0.55)。高线性相关性的变量组合约占所有变量组合的 12%。

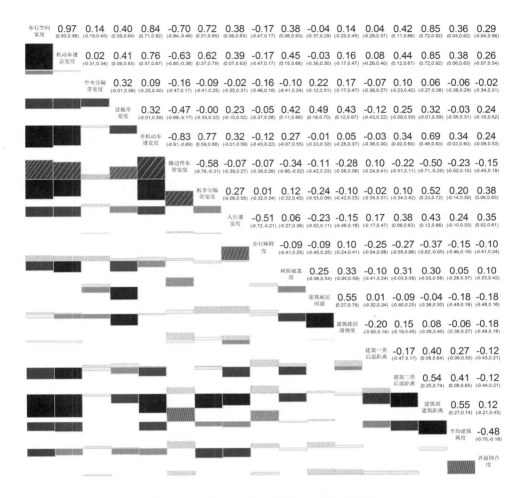

图 6.2 17 个自变量检验结果的相关性矩阵

6.3 街道步行性建模

6.3.1 探索性因子分析

行人的步行体验是大量街道环境特征综合作用的结果,因此模型需要包含尽可能多的表征街道环境特征的自变量。然而将全部自变量直接纳入模型中会存在 2 个问题:第一,自变量之间存在的多重共线性会降低模型的精度;第二,自变量越多,估计模型所需的数据量需要大幅增加。因此首先使用探索性因子分析将具有多重共线性的自变量组合成更小维度的变量,即用较少的公因子来体现自变量的大部分信息。探索性因子分析模型的形式如式(6.1)所示。

$$X_i = a_1 F_1 + a_2 F_2 + \cdots + a_p F_p + U_i \tag{6.1}$$

式中:X_i 是第 i 个可观测变量($i=1,2,\cdots,k$);F_p 是公共因子,并且 $p<k$;U_i 是 X_i 变量中无法被公共因子解释的部分;a_p 是每个因子对 X_i 的贡献值。

进行探索性因子分析,首先需要判断最少需要的因子数。通常选择因子数的 3 个标准是 Kaiser-Harris 准则、碎石检验、平行分析。图 6.3 为使用上述标准对 17 个自变量进行分析的碎石图,横坐标为因子数、纵坐标为因子特征值。Kaiser-Harris 准则认为只需要选择因子特征值大于 1 的因子,从图中看出,有 3 个因子(图 6.3 中×表示)符合要求,因此最少需要的因子数为 3。碎石检验认为折线变化最大处以前的因子都需要保留,从图中看出 5 个因子后的折线变化明显放缓,因此最少需要的因子数为 5。平行分析是依据与初始矩阵相同的随机数矩阵来判断需要提取的特征值,如果某个因子基于真实数据的特征值大于一组基于随机数矩阵的特征值的平均值(图 6.3 中实线高于虚线处),则该因子应予以保留。从图中看出有 4 个因子的真实数据的特征值大于模拟数据的特征值,因此最少需要的因子数为 4。3 个标准建议的因子数并不相同,分别为 3、5、4 个。综合考虑后,研究选择使用 4 个因子。

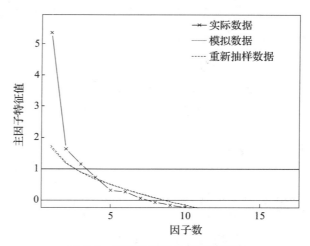

图 6.3 探索性因子分析的碎石图

采用了最大似然法提取公因子,对应的因子荷载表如表 6.2 所示。这 4 个因子能解释 17 个自变量 57.9% 的方差。

表 6.2　最大似然法提取公因子的因子荷载

编号	变量名称	因子 1	因子 2	因子 3	因子 4
1	车行空间宽度	0.911		0.107	0.163
2	机动车道总宽度	0.832		0.15	0.245
3	中央分隔带宽度			0.327	
4	设施带宽度	0.161	0.216	0.724	0.138
5	非机动车道宽度	0.889			
6	路边停车带宽度	−0.794		−0.225	0.262
7	机非分隔带宽度	0.874	0.142	−0.335	−0.173
8	人行道宽度	0.11	0.25		0.581
9	步行障碍度	0.139			−0.634
10	树荫遮盖度	0.242		0.44	
11	建筑底层用途	−0.148		0.698	
12	建筑底层透视度		−0.146	0.672	−0.175
13	建筑一类后退距离	−0.141	−0.167	−0.163	0.512
14	建筑二类后退距离	0.243	−0.232	0.162	0.374
15	建筑到建筑距离	0.621	−0.123		0.515
16	平均建筑高度	0.336	−0.664	−0.188	0.295
17	界面围合度	0.16	0.918		0.127

　　图 6.4 为因子及其相关自变量的因子荷载图(只标注了因子荷载绝对值大于 0.3 的关系)。从图中可以寻找每个因子的潜在含义,解释每个因子的内在结构——同一因子对应的变量共同拥有的可以解释街道步行性的属性。

　　因子 1 包含 6 个自变量,解释全部自变量 26.3% 的方差。因子 1 包含的都是与车行空间相关的变量,因此可以将其理解为车行空间因子。车行空间越宽,非机动车道越宽,机非分隔带越宽,机动车道越宽,路边停车带越窄,建筑到建筑距离越大,因子得分越高。

　　因子 2 包含 2 个自变量,解释全部自变量 10.4% 的方差。因子 2 包含的都是与街道界面围合相关的变量,因此可以理解为街道界面围合因子。界面围合度越大,平均建筑高度越低,因子得分越高。

　　因子 3 包含 5 个自变量,解释全部自变量 12.1% 的方法。因子 3 包含的都是与街道环境相关的变量,可以理解为街道环境因子。设施带越宽,建筑底层用途越趋近"商业",建筑底层透视度越良好,树荫遮盖度越良好,中央分隔带越宽,因子得分越高。

　　因子 4 包含 4 个自变量,解释全部自变量 9.1% 的方差。因子 4 包含的都是与步行空间相关的变量,可以理解为步行空间因子。步行障碍度越低,人行道越宽,建筑一类后退距离越大,建筑二类后退距离越大,因子得分越高。

因子 1 和因子 4 的相关性为 0.3,其余因子间的相关性均小于 0.2。从总体上来说,因子和自变量之间的关系都比较合理且容易解释,探索性因子分析的结果比较理想。

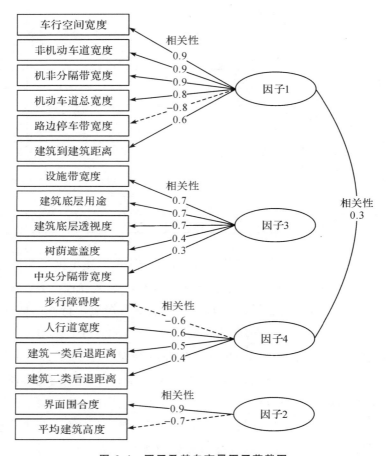

图 6.4　因子及其自变量因子荷载图

注:同一变量会对一个或多个因子产生贡献,但总体上来说,贡献程度会有显著的差异。图中仅标注因子荷载最大的关系。

6.3.2　顺序选择模型

在探索性因子分析基础上,可以使用回归分析建立因子与街道步行评分的关系。回归分析的形式有 3 种选择。①对于同一个步行断面,街道视频问卷调查中有 15 人给予了评分。最简单的方法是直接对这些评分取平均值,作为该步行断面的步行评分,使用线性回归模型进行建模。因此模型的样本量为步行断面数,即 36,这是目前国外研究中最常用的方法。②每个人对每个步行断面的步行评分,实质上在 6 个步行评分选项(A～F)中做出离散选择。可以将步行评分作为离散型变量,采用多项选择模型(Multinomial Logit Model)进行建模。模型的样本量为步行断面数与打分人数的乘积,即 540。③考虑 6 个步行评分选项(A～F)的顺序特征,即 A 要比 B 好,B 要比 C 好,以此类推。将步行评分作为顺序的离散型变量,使用顺序选择模型(Ordered Logit Model)进行建模。3 种模型均属于离散选择模型的范畴,与第 1 种采用平均分的线性回归模型相比,能够对个体偏好对步行评分的影响进行建模。而第 3 种顺序选择模型与第 2 种多项选择模型相比:一方面,考虑了因变量的顺序特性,即 A 好于 B、B 好于 C,而不是将 A、B、C 等作为相互独立的选择;另一方面,所需要的自变量数更少,因变量每增加 1 个选择肢,顺序选择模型只需增加 1 个表示阈值的常量,而多项选择模型则需要增加 4 个与因子一一对应的变量和 1 个与选项对应的常量。因此,选择使用顺序选择模型进行建模。

顺序选择模型形式如式(6.2)所示。

$$y^* = \beta X + \varepsilon \qquad (6.2)$$

式中:y^* 是街道步行体验真实的评分,理论上可在一定范围内连续变化,无法直接观测;X 是街道物质环境特征自变量,即探索性因子分析中得到的 4 个因子;β 是需要被估计的系数;ε 是误差项。

考虑到调查的可行性,实际调查得到的街道步行评分 y 是水平为 A～F 的顺序变量,是将街道步行体验真实的评分 y^* 截尾后的数据。y 是 y^* 的函数,由阈值决定。将 A～F 的街道步行体验评分转化为 5～0 的数值。y 的形式如式(6.3)所示。

$$y = \begin{cases} 0 & (y^* \leqslant \mu_1) \\ 1 & (\mu_1 < y^* \leqslant \mu_2) \\ 2 & (\mu_3 < y^* \leqslant \mu_3) \\ 3 & (\mu_3 < y^* \leqslant \mu_4) \\ 4 & (\mu_4 < y^* \leqslant \mu_5) \\ 5 & (y^* > \mu_5) \end{cases} \qquad (6.3)$$

顺序选择模型使用 y 的观测值得到回归系数的参数 β 和阈值 $\mu_1 \sim \mu_6$。假设 ε 在不同的观测之间均独立地同分布于 Gumbel 分布，可以得到顺序选择模型的选择概率 P，形式如式(6.4)。

$$P(y=0)=\Phi(\mu_1-\beta X)$$
$$P(y=1)=\Phi(\mu_2-\beta X)-\Phi(\mu_1-\beta X)$$
$$P(y=2)=\Phi(\mu_3-\beta X)-\Phi(\mu_2-\beta X)$$
$$P(y=3)=\Phi(\mu_4-\beta X)-\Phi(\mu_3-\beta X)$$
$$P(y=4)=\Phi(\mu_5-\beta X)-\Phi(\mu_4-\beta X)$$
$$P(y=5)=1-\Phi(\mu_6-\beta X) \tag{6.4}$$

式中：$\Phi(*)$ 是 Logistic 分布的累计分布函数。

行人对街道步行环境的感知与行人自身的生理、心理状态密切相关，因此行人对同样的街道环境会有不同的偏好。行人的年龄、性别、身体健康状况等生理特性是通常可以考虑的影响因素。每一个打分者有 36 个打分数据，受到其个人偏好的影响，每个打分者的 36 个打分数据中可能有未被观测的影响因素（与被调查者相关的未观测变量）。在模型中加入与打分者对应的扰动项（或误差项）φ_i，可以提高模型的可靠性，也能够解决由打分者个人偏好带来的 ε 不独立的问题。φ_i 在不同的打分者之间独立地同分布于 Gumbel 分布，在同一打分者对不同视频的打分中则为定值，将其加入式(6.2)后，模型进一步变为式(6.5)。

$$y_{ij}^* = \beta_{ij}X_{ij}+\varepsilon_{ij}+\varphi_i \tag{6.5}$$

式中：下标 i 表示不同的打分者；下标 j 表示不同的街道视频片段。

模型的自变量为探索性因子分析中得到的 4 个因子，表 6.3 所示为每个步行断面的因子得分。

表 6.3 步行断面因子得分

步行断面序号	因子 1	因子 2	因子 3	因子 4
1	-1.459	0.732	0.519	-0.429
2	-1.204	0.061	-0.475	-0.909
3	-0.796	-0.082	-1.100	-0.766
4	-0.914	-0.090	0.948	-1.397
5	-1.450	-0.508	0.304	-0.397
6	-1.171	-0.577	0.228	-1.640

步行断面序号	因子 1	因子 2	因子 3	因子 4
7	0.909	0.036	−0.361	−0.225
8	0.841	3.042	−1.036	0.405
9	−1.164	−0.749	−1.479	1.134
10	−1.207	−0.739	−1.560	1.410
11	1.291	−1.285	−1.360	0.451
12	1.194	−0.603	−1.185	0.744
13	0.745	−0.242	1.335	−0.472
14	0.798	−0.260	0.302	−0.139
15	0.914	−0.498	−0.034	0.749
16	0.940	−1.299	−0.168	1.023
17	0.130	−0.305	1.077	−0.274
18	0.137	0.052	0.703	−0.139
19	0.641	0.227	1.664	0.396
20	1.313	0.566	−1.223	−1.258
21	−0.713	−0.380	−1.026	−0.649
22	−0.724	−0.351	−0.846	−0.676
23	0.469	−0.393	1.028	−0.380
24	0.677	−0.415	0.188	−0.777
25	−1.010	−0.596	0.255	−1.598
26	−1.190	0.709	−0.967	−0.340
27	−1.306	0.462	−0.234	−0.600
28	−1.229	0.470	−0.722	−0.716
29	−0.557	−0.298	1.001	0.762
30	−0.601	0.402	1.030	0.876
31	1.157	0.610	0.624	−0.235
32	1.059	3.389	−0.397	0.541
33	0.851	−0.722	0.494	1.391
34	0.820	0.882	1.082	0.870
35	0.921	−0.641	0.953	1.389
36	0.888	−0.608	0.439	1.875

　　基于上述自变量建立顺序选择模型,采用极大似然估计的方法对顺序选择模型进行参数估计,表 6.4 为模型参数估计结果。模型 p^2 为 0.312,总体拟合度较为理想。

表 6.4 顺序选择模型参数估计结果

位置系数	系数	标准差	z 值	p 值
因子 1	−0.2169	0.0927	−2.3384	0.0194*
因子 2	0.439	0.0857	5.121	0.0000***
因子 3	0.0857	0.0413	2.074	0.0381*
因子 4	1.6793	0.1207	13.9093	0.0000***
阈值系数	系数	标准差	z 值	p 值
0|1	−3.4473	0.2024	−17.0284	0.0000***
1|2	−2.1942	0.14	−15.6699	0.0000***
2|3	−1.0236	0.1108	−9.2374	0.0000***
3|4	0.9781	0.1121	8.7277	0.0000***
4|5	3.5000	0.2025	17.2852	0.0000***
随机效应	方差	标准差		
φ	0.218	0.467		

注:"***"表示 $p \leqslant 0.001$;"**"表示 $p \leqslant 0.01$;"*"表示 $p \leqslant 0.05$;"·"表示 $p \leqslant 0.1$。

模型参数分为以下 3 类:位置系数、阈值系数、随机效应。结合探索性因子分析和顺序选择模型的结果,可以分析 17 个街道元素变量中潜在的 4 个因子对街道步行体验评分的影响。

因子 1 车行空间宽度的影响显著且为负。机动车道总宽度越大,可能导致机动车速度越快和流量越大,会降低街道步行体验评分。非机动车道宽度越宽,机非分隔带宽度越宽,可能导致自行车或电动自行车速度越快和流量越大,同样会降低街道步行体验评分。路边停车带宽度越宽,更有助于形成行人与自行车或机动车之间的缓冲区域,会提高街道步行体验评分。建筑到建筑距离越大,也就是街道尺度越大,会降低街道步行体验评分。

因子 2 街道界面围合的影响非常显著且为正。平均建筑高度越低,街道步行体验评分越高。界面围合度越大,也就是建筑到建筑的距离与平均建筑高度的比值越大,街道步行体验评分越高。

因子 3 街道环境的影响显著且为正。设施带宽度越宽,街道步行体验评分越高。设施带不仅能作为人行空间与车行空间之间的缓冲区,也能设置电线杆、变电箱或自行车停放区等容易侵占人行道的障碍物或区域。建筑底层商业用途相比于其他用途,能使街道空间更加有趣,街道活动更加丰富,街道步行体验评分更高。建筑底层透视度越高,越能模糊街道公共空间与建筑半公共空间之间的界限,增大街道的视觉吸引力,街道步行体验评分越高。树荫遮盖度越大,越能遮蔽阳光、构成街景,街道步行体验评分越高。中央分隔带越宽,一方面能提供绿化空间、美化街道,另一方面能在视觉上隔离街道对向车流,形成更宜人的街道空间,街道步行体验评分越高。

因子 4 步行空间的影响非常显著且为正。人行道越宽,街道步行体验评分越高。步行障碍度越高,街道步行体验评分越低。步行障碍的存在减小了行人的有效步行空间,致使行人流更有可能被打断。越宽的用于空地的建筑后退和用于绿化、停车和台阶的建筑后退都能够提高街道步行体验评分,但前者影响更加明显。

5 个阈值系数对应达到相应街道步行体验评分的最低效用,均非常显著。随机效应 φ 反映了打分者在步行体验评分时的个人偏好差异,其方差为0.467,显著不为 0。与没有随机效应的模型进行对比,2 个模型的 $-2 \times$ Log-Likelihood 之差为 14.87,根据自由度为 1 的卡方分布(1 代表增加的 1 个随机效应变量)计算相应的 p 值为 0.0001,表明由打分者的个人偏好差异导致的随机效应非常显著。

6.4　步行性导向的街道设计启示

决定行人步行体验的并非单个或者局部的街道环境特征,而是相关街道环境特征的综合作用。在 17 个街道环境特征中,车行空间宽度、机动车道总宽度、建筑到建筑距离、设施带宽度、建筑底层用途、建筑底层透视度、树荫遮盖度、人行道宽度、步行障碍度等特征对行人步行体验的影响,与国外主流研究结论和国内城市规划师的经验认知基本相同,而其余指标则与既有的研究和经验有所差异,对这些指标的进一步分析,有助于更好地指导街道设计实践。

国内城市规划师通常认为路边停车带对行人的步行体验是不利的,但本次研究发现,路边停车带宽度越宽,越有助于形成行人与自行车或机动车之间的缓冲区域,行人步行体验越好。这与国外主流研究结论相符。但需要注意的是,如果停放的车辆占用了设施带或步行空间,则行人步行体验是下降的。路边停车带的设置也可能会侵占自行车路权,因此需要综合考虑。

国外关于自行车道对步行体验影响的研究较少,本研究发现非机动车道越宽,机非分隔带越宽,步行体验越差,这与国内电动自行车占比高、速度快,可能会使行人产生不安全感有关。因此,如果道路上自行车道较宽、电动自行车流量较大,应该考虑同时设置较宽的设施带、步行道,或在设施带上种植高大乔木以形成缓冲区域。

尽管车行空间越宽,行人步行体验越差,但中央分隔带越宽有助于提升步行体验。城市规划师在对主、次干路进行规划中往往忽略中央分隔带的设置,认为可以在道路交付使用后通过设置护栏分隔对向机动车道,同时还可以节约道路空间。但护栏实际并不能起到安全分隔机动车的作用,另外设置在双黄线上的护栏两侧也没有设置左侧路缘带的空间。本研究从行人步行体验的角度进一步验证了主、次干路设置中央分隔带的重要性,中央分隔带的绿化,特别是高大的乔木,可以减小行人心理上感知的街道尺度。

国外关于平均建筑高度对步行体验影响的研究结论并不统一。本研究发现,平均建筑高度越低,步行体验越好。国内城市普遍高密度和高强度的建成环境特征可能会使人们更偏好于高度较低建筑的界面围合所带来的步行体验,以及可能更加丰富的街道生活。界面围合度与平均建筑高度呈负相关,本研究也同样发现界面围合度越大,行人步行体验越好。

国外研究通常认为建筑后退距离越小,步行体验越好,这与本研究的结论恰好相反。国内城市普遍高密度和高强度的建筑环境特征也可能会使人们更倾向于在步行时与建筑保留一定的空间。另外,如果建筑后退空间作为空地使用,对行人步行体验的提升更大,因为空地不仅可以作为步行空间,也意味着临街的往往是商业建筑。

6.5 小结

本章研究街道步行性对行人步行评分的影响。以街道测量调查数据为基础,设计了车行道相关的变量、人行道相关的变量和临街建筑相关的变量等3类共17个表征街道步行环境特征的自变量。采用探索性因子分析在上述17个自变量中提取出4个公共因子,分别解释为:车行空间因子、街道界面围合因子、街道环境因子和步行空间因子。建立顺序选择模型,研究上述4个公共因子与街道步行评分的关系,分析构成街道步行性的街道环境因素对街道步行评分的影响(表6.5)。最后提出步行性导向的街道设计启示。

表 6.5 构成街道步行性的街道环境因素对街道步行评分的影响

街道环境因素	街道步行评分
车行空间宽度	－
机动车道总宽度	－
中央分隔带宽度	＋
设施带宽度	＋
非机动车道宽度	－
路边停车带宽度	＋
机非分隔带宽度	－
人行道宽度	＋
步行障碍度	－
树荫遮盖度	＋
建筑底层用途(商业、其他)	＋
建筑底层透视度(透明、不透明)	＋
建筑一类后退距离(用于空地)	＋
建筑二类后退距离(用于绿化、停车或台阶)	＋
建筑到建筑的距离	－
平均建筑高度	－
界面围合度	＋

注:"＋"表示自变量对因变量有正的影响,"－"表示自变量对因变量有负的影响。

参考文献

[1] 尤因,汉迪,江雯婧.测量不可测的:与可步行性相关的城市设计品质[J].国际城市规划,2012(5):43-53.

第七章　步行交通规划决策支持工具

本章首先提出面向步行交通规划的供需匹配分析框架,进而归纳步行性评价工具及介绍代表性应用案例,接着归纳步行交通模型及介绍代表性实践案例,最后提出对国内研究实践的启示。

7.1　供需匹配分析框架

尽管创建步行友好的城市已经取得广泛共识,但要真正在城市规划、设计、建设、管理中予以落实,并不容易。大多数城市较为注重一些独立的步行交通设施建设项目,比如绿道、步行街、立体过街等,却忽视了对街道步行环境的系统性改善。造成这种情况,一方面是由于决策者、规划师的认知和偏好;另一方面是由于城市中街道数量众多、街道步行环境问题错综复杂而无从下手。具体表现在:很难全面掌握城市范围内街道步行流量的分布状况,无法确定哪些街道步行流量较大,改善哪些街道能够惠及更多的行人;很难系统了解城市范围内街道的步行环境状况,无法确定哪些街道步行环境较差,改善哪些街道能够有立竿见影的效果。

针对城市步行交通规划中面临的上述技术问题,应将步行性评价和步行交通模型综合应用,构建面向步行交通规划的供需匹配分析框架。其中,步行性评价用于了解城市、社区、街道的步行现状,确定现有步行设施的供给水平;步行交通模型用于掌握城市、社区、街道步行交通需求,确定现有步行设施的使用需求。通过步行性评价和步行交通模型 2 类规划决策支持工具的综合应用,能够帮助规划人员在开展步行交通规划过程中制订合理的规划目标,确定需要重点规划或设计的社区或街道,确定建设项目的优先级,评价规划和项目实施效

果等。特别是在资金、时间、人员约束的条件下,通过供需匹配分析框架,能从
众多社区与街道中甄选出步行需求大但步行环境较差的社区或街道,更有针对
性地提升城市步行环境。

7.2　步行性评价工具分类

步行性分析方法众多,大量的城市规划、交通规划、公共卫生等领域的学
者都对此有着大量的研究,一些政府机构、私人基金会等国际组织也研发了
一些步行性评价方法。这些方法输入输出各不相同,适用的情景、使用的难
易程度也各不相同,很多方法都是根据研究地点的实际情况和研究目的进行
设计。根据数据采集方法的不同,将步行性分析方法分类为基于人工调查的
评价工具、基于地图数据的评价工具、基于众包的评价工具 3 类,选择其中有
代表性的国内外研究进行综述。表 7.1 对上述 3 类步行性评价工具的特点
进行了总结。

表 7.1　不同步行性评价工具的比较分析

评价方法	难易程度	适用范围	规划应用
基于人工调查的评价工具	需要根据实际情况定制调查表格,依靠人工调查、工作量大	较小,一般为街道或社区	规划中的现状调研,发现问题
基于地图数据的评价工具	需要开发计算机程序或应用GIS,对基础数据要求较高	较大,一般为城市	城市间、社区间的对比,规划方案的评估
基于众包的评价工具	需要开发网站或手机 App,并吸引较多的用户使用	较大,一般为城市	现状评估,找出城市中步行性较差的街道、社区

随着使用街道环境特征评价步行性的研究不断深入,一些基于人工调查的
步行性评价工具被提出,应用于城市规划、公共健康等领域。比如 Brownson
等提出考虑土地使用环境、交通环境、设施、美学及社会环境因素的街道评估工
具。该工具使用打分系统,用于评估社区的健身活动水平[1]。Clifton 等提出的
步行环境数据审查(Pedestrian Environmental Data Scan,PEDS)包括宏观环
境、步行设施、道路属性、微观的步行和自行车环境、总体的主观评价等 5 大类
共 40 个问题,主要适用于美国的步行环境[2]。Pikora 等提出的系统性步行和

自行车环境审查（Systematic Pedestrian and Cycling Environmental Scan，SPACES）包括功能、安全、美学、目的地等 4 大类共 32 个问题，主要适用于澳大利亚的步行环境[3]。Emery 等提出的步行和自行车可持续性评估方法（Walking and Bicycling Suitability Assessment，WABSA）比较简单，包括人行道宽度、路面情况、缓冲带宽度、路缘石坡度、路灯、自行车道宽度及物理分隔等 15 个问题[4]。Day 等提出的街道评价工具欧文-明尼苏达清单（Irvine Minnesota Inventory，IMI），包含可达性、愉悦度、交通安全、社会治安等多个大类的 160 多项指标，其中大量的指标都与街道步行环境相关[5]。新西兰交通部于 2007 年提出的社区街道评价方法（Community Street Review，CSR），包含 51 个物理特性指标和 37 个运行特性指标，物理特性指标如人行道宽度、坡度等，运行特性指标如交通量、天气等，使用打分法对街道步行环境进行评价[6]。英国交通研究实验室提出的步行环境评价体系（Pedestrian Environment Review System，PERS）包括对街道中的路段、过街、路径、公交等待区、公共空间、换乘空间等 6 类空间的调研和评分[7]。盖尔等创建的公共生活-公共空间调研方法（Public Life Public Space，PLPS）包括对公共生活和公共空间两方面的调研。该方法于 1968 年首次应用于丹麦哥本哈根，目前已在伦敦、悉尼、纽约、墨尔本、苏黎世等诸多城市应用[8]。世界银行提出的全球步行指数将调查内容分 3 部分：步行环境实地调查、政府及利益相关者调查、步行者访谈。设计的初衷旨在提高发展中国家政府对步行交通的关注。调研方法和评价指标比较简单，更多的是考虑可操作性和可推广性[9]。Leather 等在使用世界银行提出的全球步行指数方法基础上，结合亚洲城市的实际情况，新增了步行路径的有效性、步行过街设施的有效性等指标[10]。国内研究中早期应用较多的是 PLPS 方法。姜洋等将 PLPS 方法应用于重庆市步行和自行车交通规划设计的现状调研中[11]。简海云将 PLPS 方法应用于昆明市滨河步行道的现状调研中[12]。王悦等将 PLPS 方法应用于上海市黄浦区的街道重建规划设计的现状调研中[13]。之后随着街景图的出现，龙瀛等使用街景图虚拟审计来实现对城市街道空间品质的评价[14]。自然资源保护协会和清华大学建筑学院在 2019 年发布的《中国城市步行友好性评价——城市活力中心的步行性研究》中应用街景图虚拟审计评价了国内 50 个城市步行交通最为活跃的"城市活力中心"的步行性[15]。2021 年发布的《中国城市步行友好性评价——步道设施改善状况研究》同样应用街景图虚拟审计评价了国内 45 个城市步行性近年来是否有所改善[16]。

　　基于地图数据的评价工具主要基于可达性的视角，认为商店、超市、健身中心、公园等生活便利设施的可达性是影响步行性的重要因素。通过使用在线地图提供的数据,考虑生活服务设施的密度、多样性等,通过开发计算机程序计算步行性。网站 www.walkscore.com 考虑不同的生活服务设施如公园、零售、餐饮等的种类和空间布局来估计步行性,并引入距离衰减、交叉口密度、街区长度等因素来提高测度的准确性。该打分系统已在美国、加拿大、澳大利亚、英国、新西兰等国家广泛应用[17]。网站 www.walkshed.org 也开发了一个类似的计算机程序,但可以让使用者自定义杂货店、农贸市场、餐厅、公共交通、公园、零售店等不同生活服务设施的权重[18]。这 2 个网站都将步行性标准化为 100 分,便于使用者了解和房产中介等其他服务供应商使用。尽管基于地图数据的评价工具仅考虑了可达性这一影响步行性的重要因素,但一些研究表明上述指数能够与居民主观上理解的步行性吻合[19],也可以和使用人工调查的方法得到的步行性互相验证[20]。在国内研究中,吴健生等考虑到国内居民对酒吧、咖啡厅等生活便利设施的接受度和对超级市场、便利店等生活便利设施的需求度与国外居民显著不同,将 Walk Score 的评价方法进行了改进,应用于深圳市福田区日常生活设施配置的合理性的评估[21]。自然资源保护协会与清华大学建筑学院共同合作,于 2017 年发布了《中国城市步行友好性评价——基于街道促进步行的研究》,同样借鉴了 Walk Score 的评价方法,在考虑城市建成区内所有正式路段上公众日常生活所需的服务设施种类和密度基础上,加入步行距离衰减、交叉路口密度、路段长度等调节因素,计算出每个正式路段的步行指数,其中采用基于地图数据的评价工具等多种方法对步行性进行了评价[22]。

　　www.walkonomics.com 是一个采用众包的步行性评分网站,考虑交通安全、过街难易、人行道、坡度、指路标识、人身安全等方面,通过在网络上发布打分系统,邀请社区居民对自己熟悉的街道进行打分,综合分析后进行发布[23]。国内也有类似的实践。北京市规划委员会、北京市城市规划设计研究院等在 2014 年北京国际设计周举办了"城市界面展"。展览中设置了"大家来添堵"公众参与环节,并利用整面墙布置了"扎针地图",邀请市民用红色和蓝色的图钉在北京中心区地图上扎出步行环境"好评"或"差评"的街道位置,以收集市民对北京街道步行环境的评价,并作为"北京步行与自行车交通系统规划"项目的重要依据,推动北京市步行环境的精细化改善[24]。

7.3 步行性评价工具应用案例

步行性评价工具被越来越多地应用于城市规划的实践中,以下分别选取了步行性评价工具在现状调研、方案生成、方案评估中的应用案例进行介绍。除此之外,步行性评价也被用于城市与城市交通政策(步行性对城市活动系统、城市交通系统的影响)、公共卫生(步行性对肥胖等公共卫生问题的影响)、公共安全(步行性对犯罪等公共安全问题的影响)等的研究中。

7.3.1 现状调研

在现行的街道设计流程中,对现场的勘察还仅仅停留在对场地现状的一般了解上,缺少对场地周边环境的深入调查和对市民公共生活现状与需求的深入调查。PERS 是一个街道步行性评价工具,可以对街道上的路段(包括人行横道、地道、天桥)、过街(包括正式的和非正式的)、路径(关键目的地之间)、公共交通等待区(包括公交车站和出租车候车区)、公共空间(包括广场和公园)、换乘空间等 6 类空间总共近 60 个项目进行评分。经过训练的调查人员对每个项目分别给予-3~+3 的评分,并可以附加照片和评论。

伦敦交通部门将 PERS 用于评估 4 条从邻近的地铁站出发到 ExCeL 会展中心的步行路径。该中心是 2012 年伦敦奥运会重要场馆,如图 7.1 所示。由于路径连接奥运会场馆,且周边有大片未开发、贫困人群聚集和犯罪事件高发的区域,因此评价特别注重人群集聚时的步行设施容量、步行导向的易读性、行人的人身安全、步行环境的质量。通过使用 PERS 调研 4 条步行路径的情况,发现了诸多现状存在的问题,提出了交叉口重新设计、加强指路信息、人行道重新铺装等建议和 100 多项能够立即解决步行问题的具体措施,并确定了提高项目的优先级[7]。

7.3.2 方案生成

菲尼克斯规划部门在开展 TOD 规划时,使用居住、就业、Walk Score 数据评估了已有轻轨站的 TOD 情况,并预测了规划轻轨站的 TOD 潜力。对已有的轻轨站,评估结果可以被用来选择是否需要进行规制改革(包括分区法规、工程法规)或者步行环境的改善(包括人行道、绿化、人行过街、非机动车道、停放车辆等)。对规划的轻轨站,预测结果可以被用来分析哪些走廊和站点最有 TOD 的潜力[25]。菲尼克斯轻轨站的 Walk Score 如图 7.2 所示。

图 7.1 伦敦奥运会场馆与地铁站间的路径

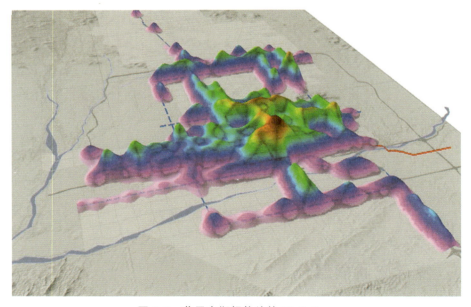

图 7.2 菲尼克斯轻轨站的 Walk Score

7.3.3　方案评估

　　步行性评价还能用于评估土地利用和交通规划方案。Main 基于波特兰现状地块、街道、土地利用、居住人口、就业岗位、人行道、公共交通站点等既有数据,利用 GIS 计算了 12 个影响步行性的因素,包括人口密度、就业岗位密度、土地利用混合度、地块尺度、居住邻近便利设施的程度、居住邻近公交的程度、就业岗位邻近公交的程度、街道网络密度、街道网络连通性、人行道的覆盖程度、街道过街距离、步行路径的直接程度。对 12 个因素进行归一化后,根据其对步行出行影响程度的大小进行加权综合,分别应用于波特兰现状分析和规划情景分析。关于现状分析,可以划分出现状可接受的区域、现状不理想的区域、现状未开发的区域;关于规划情景分析,可以划分出未来可接受的区域和未来仍不理想的区域,如图7.3 所示。其中,规划实施之后步行仍不理想的区域是规划方案调整的重点[26]。

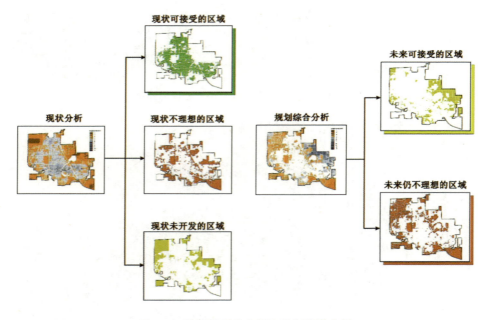

图 7.3　波特兰现状分析和规划情景分析

7.4　步行交通模型分类

　　步行交通需求模型按照建模思路的不同,可以分为基于行为的模型和基于设施的模型。基于行为的模型通过对人的出行选择行为建模而得到步行流量，其中最常用的是改进的四阶段模型。基于设施的模型则直接利用设施周边的人口统计、社会经济、土地利用、建成环境等回归得到步行流量，因此也被称为"直接需求模型"。

四阶段模型利用现状和将来的人口与就业分布状况、交通网络特征，结合居民出行行为，对现状和将来的出行需求建模，是目前国内外应用最广泛的交通需求预测模型。四阶段模型主要用于机动车交通与公共交通需求的预测，如果用于步行交通需求预测，模型可能存在以下问题。

（1）交通小区的范围对于步行交通需求预测来说偏大。四阶段模型需要将研究区域划分为多个交通小区，进而重点研究交通小区间的出行规律。目前国内城市城区的交通小区面积一般为 $1\sim3km^2$，郊区的交通小区面积则更大[27]。根据论文的研究，步行出行距离平均为 860m，在现有交通小区划分的情况下，大量的步行交通属于区内出行。但这些步行出行的起讫点均为同一交通小区的形心点，无法准确地估计步行出行的位置、距离及时间。

（2）步行交通除了作为单独的出行方式，还是其他交通方式的首末端衔接交通方式，尤其是公共交通。传统的居民出行调查中并不会对作为首末端衔接交通方式的步行出行进行调查，因数据缺失，无法对这部分步行交通出行进行建模。

（3）通常机动车交通和公共交通主要集中在主、次干路上（支路在总的出行中所占比例小，通常仅起到汇流和分流的作用），为此，城市道路网络模型通常只对快速路、主干路、次干路及一些比较重要的支路建模。然而步行交通在各等级道路上均有普遍分布，并且步行交通流量与道路等级没有对应关系，因此，传统的城市道路网络的精度无法满足步行交通分配的要求。另外，道路的步行环境（比如步行路径的舒适性、安全性等）是行人选择出行路径的重要因素，而传统的四阶段模型在交通分配时不会考虑这些因素。

步行交通需求模型是发达国家步行交通研究的热点之一。目前主流的建模方法是使用基于活动模型，并且辅以高精度的交通小区、道路网络及居民出行调查[28]。在传统的交通小区（TAZ）的基础上进一步细化步行小区（PAZ），通过基于网络地图等的居民出行调查，详细记录每一条出行的经纬度坐标，因此可以准确得到每一条出行的起讫点的交通小区和步行小区。首先依然基于交通小区开展步行建模，得到交通小区的步行出行起讫点；进而将其进一步细分到步行小区，解决大量步行出行为交通小区内部出行的问题；最后基于高精度的道路网络进行交通分配。一些城市还将路段的步行性纳入到路段阻抗函数中进行步行交通分配。在开展公共交通的建模时,对往返公共交通站点的步行衔接也采用同样的分析方法,因此,对公共交通出行的步行路径也能准确建模。由于交通小区和步行小区数量众多,因此必须配合高抽样率的居民出行调查。这一类步行交通需求模型无疑需要大量数据、资金、时间、人才支持,目前即使在发达国家,也只有一些人口较多的大都市区才会开展。

另外一种相比较为简单的模型是直接需求模型或设施需求模型。与基于活动的模型不同,基于行为的模型试图对居民出行选择的过程建模。直接需求模型不考虑复杂的行为因素,仅仅根据设施周边的土地使用和建成环境直接预测行人流量。比如,将步行流量作为设施影响区内人口与就业岗位的函数,开展步行计数调查,得到步行流量,估计回归模型[29]。空间句法通过对道路网络形态的描述来解释人的空间行为和社会活动,其基本原理是使用图形邻近度算法计算路径间的联系程度,也被用于预测步行流量。将空间句法得出的轴线的深度值作为自变量,同样开展步行计数调查,得到步行流量,估计回归模型。该方法在欧洲,尤其在英国应用较为广泛,当研究范围较小时,精度较高。Hillier等人和 Penn 等人将该方法用于估计伦敦中心城的步行流量,得到的回归模型r^2 为 $0.77^{[30,31]}$。还有一些研究中对 2 种方法进行了结合,Raford 和 Ragland将空间句法得到的深度值、居住和就业密度一起加入回归模型中,用于预测奥克兰的步行流量,得到的回归模型 r^2 值为 $0.72^{[32]}$。

7.5　步行交通模型实践案例

针对上述 2 类模型,分别选取其中较为成熟的实践案例即波特兰的改进四阶段模型[33]和旧金山的直接需求模型[34]进行详细解析。类似的模型体系也分别被巴尔的摩、阿拉米达等城市应用,具有较好的可移植性,因而对国内研究和应用都有一定的借鉴价值。

7.5.1　波特兰的改进四阶段模型

在波特兰既有的四阶段模型基础上,改进的四阶段模型将 TAZ 细分为 1.6 英亩(约 $80m \times 80m$)的 PAZ。以 $4.8km/h$ 的步行速度计算,一个 PAZ 大约是 1min 的步行距离。模型覆盖 4 个郡、2147 个 TAZ、150 多万个 PAZ,每个 PAZ 都有步行网络、土地利用、交通设施等属性。步行网络的建立使用 TIGER

数据,并结合卫片确定现状的步行小径、人行道、人行横道等步行设施。

模型首先使用既有四阶段模型中的出行生成模型,估计每个 PAZ 的出行生成,包括基于家的工作出行、基于家的其他出行、非基于家的出行 3 大类。由于在交通分布阶段使用目的地选择模型,因此,出行生成阶段只计算出行产生,而不计算出行吸引。图 7.4 以基于家的工作出行为例,将基于 TAZ 的出行产生和基于 PAZ 的出行产生进行对比,后者的精细度和颗粒度远远高于前者。

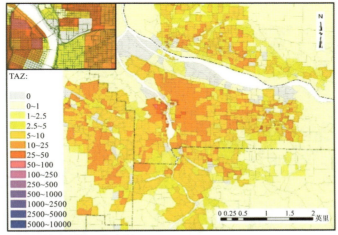

TAZ:基于家的工作出行

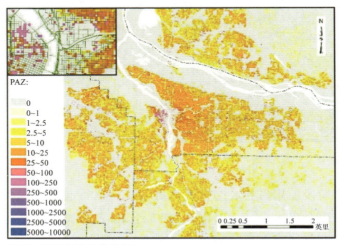

PAZ:基于家的工作出行

图 7.4 TAZ 与 PAZ 的出行产生对比

接着对不同目的出行,分别用 BL 模型将全方式的出行划分为步行出行和其他方式出行。模型最重要的变量是步行环境指数(PIE),由 6 个环境变量加权求和得到,包括自行车可达性(1 英里内自行车路网密度)、街区大小(1/4 英里内街区大小的密度)、活动密度(1/4 英里内居住人口和就业岗位密度)、人行道密度(1/4 英里内路段有人行道的比例)、公交可达性(1/4 英里内公交车站、轻轨站、地铁站的密度)、城市生活设施(1/4 英里内杂货店、咖啡馆、餐厅、零售店、学校、娱乐设施等的密度)。每个变量有 5 个等级,根据对步行出行影响程度的不同,被赋予不同的权重,并最终聚合成 PIE,如图 7.5 所示。

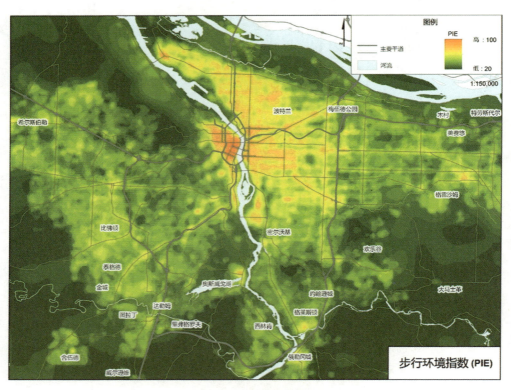

图 7.5　不同权重的 PIE

交通分布阶段使用目的地选择模型得到步行出行起讫点,如图 7.6 所示。首选,将 PAZ 聚合成 superPAZ(包含 5×5 个 PAZ)以减少数据处理和模型估计所需的计算资源和时间。接着,使用 MNL 模型进行目的地选择,由于居民出行调查数据中 99% 的步行出行距离小于 3 英里,因此将目的地的选择集定为与出行产生的 superPAZ 距离小于 3 英里的 10 个 superPAZ(从所有符合要求的 superPAZ 中随机选择但需包含该出行最终选择的 superPAZ)。最终,应用类似的目的地选择模型将出行从 superPAZ 分配到 PAZ。

交通分配阶段使用最短路分配方法,将步行出行起讫点分配到步行网络上。尽管没有考虑路径的舒适性、安全性等因素,但由于有高精度的步行网络和 PAZ 支撑,步行分配能够保证较好的精度。

图 7.6　目的地选择模型的步骤

7.5.2　旧金山的直接需求模型

旧金山的直接需求模型建模首先从旧金山 8100 多个交叉口中选择 50 个特征不同的交叉口开展人工行人计数和自动行人计数。这些交叉口通常是一些交通事故率高、邻近规划或建成的项目、邻近重要交通枢纽、有地域代表性的交叉口及州计数交叉口。

人工的行人计数调查于工作日 16:00—18:00 进行,统计交叉口 15m 范围内穿越任意进口道的行人数,覆盖全部 50 个交叉口。自动行人计数调查以 1h 为计数单位,持续进行 3~4 周,在邻近交叉口的人行道上设置与腰齐高的红外线感应装置统计穿越的行人数(假设在交叉口过街的行人流量时间分布近似邻近交叉口的人行道上的行人流量时间分布),覆盖其中 25 个交叉口。将交叉口分为 6 类(中央商务区、高密度混合利用区、中密度混合利用区、低密度混合利用区、居住区、观光区等),通过自动行人计数掌握的步行流量在 1 周时间内的分布情况,对 2h 的人工行人计数数据进行扩样,得到行人周流量。考虑到季节因素,进一步将行人周流量扩样到行人年流量。

使用对数线性回归模型,建立交叉口的行人年流量与交叉口周边的土地利用、交通系统、建成环境、社会经济特征的关系。从测试的 12 个模型中选择最优的模型,如式(7.1)所示,模型调整后的 r^2 为 0.804。模型中显著的影响因素有 6 个。

$$\ln Y = 12.9 + 1.80X_1 + 2.43X_2 + 1.27X_3 - 9.40X_4 + 0.635X_5 + 1.16X_6$$
(7.1)

式中:Y 为交叉口行人年流量;X_1 为 400m 内的家庭数(以万计),X_2 为 400m 内的就业岗位数(以万计);X_3 为交叉口位于高活动的区域;X_4 为交叉口所有进口道最大的坡度;X_5 为交叉口位于高校 400m 内;X_6 为交叉口有信号控制。

7.6　国内研究实践建议

国外的步行性评价工具非常多,但是我国的步行出行主体——行人和步行出行客体——步行环境与发达国家有非常大的不同,因此,国外的步行性评价工具在国内应用时,必须开展适应性研究,并根据我国的实际情况进行改进。3 类步行性评价工具各有特点:基于人工调查的评价工具获取的信息最丰富,能够发现现状问题、提出解决方案,但对调查人员的要求较高、调查工作量较大。一般只适用于较小的范围,比如社区或者街道,即使在城市中应用,也只是选择性地用于一些片区,比如,世界银行提出的全球步行指数中就只是在每个城市选择一个商业区、交通枢纽区、教育区、居住区进行城市步行环境的实地调查。尽管近年来街景图的出现大幅减少了调查成本,从而扩展了调查范围,但需要注意的是,街景图虚拟审计会因街景图拍摄时间等问题与真实情况存在差异,街景图中能够获取的信息也远少于实地调查。基于地图数据的评价工具,基础数据容易获取,能够大范围应用。适合用于城市间、社区间的对比,或者从建成环境的视角对城市规划方案进行评价。基于众包的评价工具运用了互联网、共享经济等理念,可以低成本地获取步行性评价的数据。其不仅是很好的公众参与形式,与前两类工具结合,还能够发挥更大的效用。比如,首先使用基于众包的评价工具确定城市中存在问题较多的街道或社区;再使用基于人工调查的评价工具对这些重点街道或社区进行详细的调查,可以解决基于人工调查的评价工具很难在较大范围内应用的问题。或者将基于众包的评价工具和基于地图数据的评价工具中得到的评价数据结合,既能考虑可达性因素,又能考虑街道环境因素,最终得到的步行性评价会更加真实、准确。

国内步行性评价的应用范围可以进一步扩展,除用于现状调研外,还能用于步行交通规划、城市更新规划、TOD 规划等方案的生成和评价。国内步行性评价的方法也可以更加丰富,比如,现状调研中除应用 PLPS 方法外,还可以应用 PERS 等方法。PERS 方法更加关注微观的步行设施和步行环境,能够直接指导街道步行改善设计的开展。

与机动车交通或公共交通模型相比,步行交通模型在国内的研究和实践较少。目前国内对步行交通需求预测通常只基于人口与就业岗位数据及居民出行行为数据估计每个交通小区产生的步行交通总量,即只做交通生成和交通方式划分。步行交通模型的发展还需要多方面的支持。在政策上,需要重视步行交通需求模型的规划与支持作用。比如,美国联邦公路局(FHWA)和美国联邦运输局(FTA)发布的技术指引都要求地方政府在开展步行交通规划时必须包含步行交通需求预测的内容。在数据上,步行交通模型的发展以拥有更加精细的步行出行、网络、环境、计数数据为前提,而这恰恰是国内相关实践面临的最大困境。近年来,随着信息技术的快速发展,应用手机 App 获取城市步行活动数据成为可能,因此需要加强城市基础数据库的建设和分析技术的研究,解决当前存在的困境,使规划方案制定更加科学、理性。

尽管使用基于活动的模型对步行交通建模最为理想,但是鉴于目前国内城市的数据大多无法支撑该模型建模,直接需求模型可以作为步行交通需求分析的替代方法,尤其是当研究区域范围较小且基本建成时。比如,假设研究范围内有 60 个交叉口,可以通过街道调研得到其中 20 个交叉口的步行流量,进而将这些交叉口的步行流量作为因变量,将交叉口影响范围(比如 800m)内的居住用地面积和商业、办公、公共服务等非居住用地面积作为自变量,估计回归模型;从而用回归模型估计其余 40 个交叉口的现状步行流量,或者未来同一研究区域内居住用地面积和非居住用地面积改变之后的步行流量。基于研究区域内的现状步行流量数据估计回归模型参数是直接需求模型的关键,因此这些模型只能应用于同一调研区域,而并不适合移植到其他区域。近年来,国内学者在苏州、杭州、南京、香港等城市的实证研究也表明,空间句法解释步行交通量的准确性能达到 65% 以上[35-38]。

7.7 小结

本章提出了基于供需匹配框架的步行交通规划决策支持工具。针对城市步行交通规划中面临的技术问题,构建面向步行交通规划的供需匹配分析框架,提出应综合应用步行性评价和步行交通模型。将步行性评价分为基于人工调查的评价工具、基于地图数据的评价工具、基于众包的评价工具 3 类,并阐述了其在现状调研、方案生成和方案评估中的应用;将步行交通模型分为基于设施的模型和基于设施的模型 2 类,并解析了波特兰的改进四阶段模型和旧金山的直接需求模型。最后分别针对步行性评价工具和步行交通模型提出了国内研究建议。

参考文献

[1] Analytic audit tool and checklist audit tool [EB/OL]. (2015-03-29) [2021-10-13]. http://activelivingresearch. org/node/10616/29/3/2015.

[2] Clifton K J, Livi Smith A D, Rodriguez D. The development and testing of an audit for the pedestrian environment[J]. Landscape and Urban Planning,2007,80(1):95-110.

[3] Pikora T J, Bull F C L, Jamrozik K, et al. Developing a reliable audit instrument to measure the physical environment for physical activity [J]. American Journal of Preventive Medicine,2002,23(3):187-194.

[4] Emery J, Crump C, Bors P. Reliability and validity of two instruments designed to assess the walking and bicycling suitability of sidewalks and roads[J]. American Journal of Health Promotion,2003,18(1):38-46.

[5] Day K,Boarnet M, Alfonzo M, et al. The irvine-minnesota inventory to measure built environments[J]. American Journal of Preventive Medicine,2006,30(2):144-152.

[6] Land Transport New Zealand. Walkability tools research [R]. Wellington:Land Transport New Zealand,2006.

[7] Davies A, Clark S. Identifying and prioritising walking investment through the pers audit tool[C]. New York:10th International Conference for Walking. 2009.

[8] 盖尔,吉姆松. 公共空间·公共生活[M]. 汤羽扬,王兵,戚军,译. 北京:中国建筑工业出版社,2003.

[9] World Bank. Global walkability index survey implementation guidebook[R]. Washington DC:World Bank,2011.

[10] Leather J, Fabian H,Gota S, et al. Walkability and pedestrian facilities in Asian cities [R]. Manila:Asian Development Bank,2011.

[11] 姜洋,王悦,余军,等. 基于 PLPS 调研方法的步行和自行车交通规划设计评估[J]. 城市交通,2011(5):28-38.

[12] 简海云. 昆明市主城区步行和自行车交通系统规划[J]. 城市交通,2011(5):60-69.

[13] 王悦,姜洋,Kristian S V. 世界级城市街道重建策略研究——以上海市黄浦区为例[J]. 城市交通,2015(1):34-45.

[14] 龙瀛,唐婧娴. 城市街道空间品质大规模量化测度研究进展[J]. 城市规划,2019,43(6): 107-114.

[15] 自然资源保护协会,清华大学建筑学院. 中国城市步行友好性评价——城市活力中心的步行性研究[R]. 北京:自然资源保护协会;北京:清华大学建筑学院,2019.

[16] 自然资源保护协会,中国城市科学研究会城市大数据专业委员会. 中国城市步行友好性评价——步道设施改善状况研究[R]. 北京:自然资源保护协会;北京:中国城市科学研究会城市大数据专业委员会,2021.

[17] Walkscore[EB/OL]. （2017-06-20）[2021-10-13]. http://www. walkscore. com/6/ 20/2017.

[18] Walkshed[EB/OL]. （2015-04-08）[2021-10-13]. http://www. walkshed. org/4/ 8/2015.

[19] Carr L J,Dunsiger S I, Marcus B H. Walk score™ as a global estimate of neighborhood walkability[J]. American Journal of Preventive Medicine,2010,39(5):460-463.

[20] Carr L J,Dunsiger S I, Marcus B H. Validation of walk score for estimating access to walkable amenities[J]. British Journal of Sports Medicine, 2011, 45(14):1144-1148.

[21] 吴健生,秦维,彭建,等. 基于步行指数的城市日常生活设施配置合理性评估——以深圳市福田区为例[J]. 城市发展研究,2014(10):49-56.

[22] 自然资源保护协会,清华大学建筑学院. 中国城市步行友好性评价——基于街道促进步行的研究[R]. 北京:自然资 源保护协会;北京:清华大学建筑学院,2017.

[23] Walkonomics[EB/OL]. （2015-03-29）[2021-10-13]. http://www. walkonomics. com/ 3/29/2015.

[24] 储妍. "扎针地图":北京步行道环境评价实践与研究[J]. 北京规划建设,2016(3): 130-140.

[25] Transit oriented development with walk score[EB/OL]. （2016-03-17）[2021-10-13]. http://blog. walkscore. com/2011/07/transit-oriented-development-with-walk-score/ #. Vuq6k7lf2M8, 2016/3/17.

[26] Main E. The walkable community:a GIS method of pedestrian environment analysis [R]. Portland Oregon:Criterion Planners/Engineers Inc.

[27] Deng Y, Miller E J, Vaughan J A. Application of travel activity scheduler for household agents in a Chinese city[J]. Journal of the Transportation Research Board, 2014,2429:121-128.

[28] Singleton P A, Clifton K J. Pedestrians in regional travel demand forecasting models:

state-of-the-practice[C]. Washington DC：92th Annual Meeting of the Transportation Research Board，2013.

[29] Pulugurtha S S, Maradapudi J M. Pedestrian count models using spatial data based on distance decay affect[C]. Washington DC：92th Annual Meeting of the Transportation Research Board，2013.

[30] Hillier B，Penn A，Hanson J，et al. Natural movement：or，configuration and attraction in urban pedestrian movement[J]. Environment and Planning B-Planning & Design，1993，20(1)：29-66.

[31] Penn A，Hillier B，Banister D，et al. Configurational modelling of urban movement networks[J]. Environment and Planning B-Planning & Design，1998，25(1)：59-84.

[32] Raford N，Ragland D. Space syntax：innovative pedestrian volume modeling tool for pedestrian safety[J]. Journal of the Transportation Research Board，2004，1878：66-74.

[33] Clifton K J，Singleton P A，Muhs C D，et al. Development of destination choice models for pedestrian travel[J]. Transportation Research Part A：Policy and Practice，2016，94：255-265.

[34] Schneider R J，Henry T，Mitman M F，et al. Development and application of a pedestrian volume model in San Francisco，California[J]. Journal of the Transportation Research Board，2012，2299：65-78.

[35] 伍敏,杨一帆,肖礼军.空间句法在大尺度城市设计中的运用[J].城市规划学刊,2014(2):94-104.

[36] 戴晓玲,于文波.空间句法自然出行原则在中国语境下的探索——作为决策模型的空间句法街道网络建模方法讨论[J].现代城市研究,2015(4):118-125.

[37] 甘云,顾睿.基于空间句法的旧城改造研究——以南京市浦口区公园北路—龙华路两侧地块为例[J].现代城市研究,2017(6):77-84.

[38] 张灵珠,晴安蓝.三维空间网络分析在高密度城市中心区步行系统中的应用——以香港中环地区为例[J].国际城市规划,2019,34(1):46-53.

第八章　步行性导向的步行交通规划方法

本章首先对国内外步行交通规划研究实践进展进行综述,进而提出步行交通规划体系及步行交通规划的核心内容。本章重点对步行网络规划进行阐述,最后对《西雅图步行交通规划》进行案例解读。

8.1　步行交通规划综述

步行交通规划是统筹城市步行交通发展的公共政策。规划的公共政策属性意味着城市步行交通规划需要在理性的目标指引下,考虑资金、人员等约束条件,对促进城市步行交通的所有政策、策略、行动等进行综合安排。国外对步行交通规划的研究较为注重促进步行交通的软硬件措施,既包括设施建设、设计标准,也包括价格手段、公众参与、宣传、教育等。Forsyth 和 Krizek 总结了300 多项实证研究,提出制定城市步行交通规划时需要综合考虑社区或城市设计、设施可用性、设施质量、计划(如教育或市场营销)、价格和便捷性、策略的综合(上述措施综合使用)等因素[1]。Scheepers 等提出法律工具、经济工具(补贴、奖励制度、处罚)、沟通工具(书面材料、行为工具)和物质工具(环境调整)等干预工具,能有效促进出行从小汽车向步行和自行车转移[2]。Zukowska 等总结了增加步行等体力活动的政策措施及效果,具体包括:便利的交通基础设施,包括行人基础设施建设(人行道、人行过街、游步道、无车步行路径、行人优先区、道路交叉口的改造),友好的基础设施和城市设计(更安全的城市和街道设计、安全的上学路径、交通宁静化、减少交通量、限制停车位、改善步行和骑行者的更衣设施、街道连接性、街道街区长度、绿色空间开发);慢行出行促进项目,

135

包括社区层面慢行出行促进项目（媒体广告、慢行出行培训和活动），组织层面慢行出行促进项目（慢行交通宣传活动、步行上学运动），个人层面慢行出行促进项目（个人出行规划、个人慢行出行指南、工作场所出行项目社会媒体推广）；交通方式的转变，包括打消使用汽车的积极性（增加停车费用、设置居民专用停车场减少汽车使用）[3]。

发达国家在步行交通规划实践领域也有诸多成果。在美国，随着 2 部冰茶法案的颁布，多模式交通规划受到关注，极大推动了步行交通规划的发展。从 20 世纪 90 年代起，西雅图、安娜堡、阿灵顿、波特兰等城市都开展了步行总体规划，很好地指导了城市步行交通的改善。美国的步行交通规划范围既有小尺度的地理空间（如到公共交通站点的步行衔接规划、沿交通走廊的步行设施规划），又有中等尺度的地理空间（如镇步行总体规划、城市步行总体规划）和大尺度的地理空间（如大都市区步行总体规划、州步行总体规划）。不同层面的步行交通规划有以下几种不同的关注点。①州步行交通规划主要目的是为州相关部门（如州交通运输局）确立适应步行交通发展和改善步行交通环境的策略、目标、行动。规划还包括提出可供大都市区规划机构（MPO）或地方政府使用的设计标准或设计指引，对教育和安全问题的统筹安排。②大都市区步行交通规划主要目的是辖区间的协调、为地方政府提供规划和设计指引、建立大都市区资金使用优先顺序、提出步行交通相关的土地利用与交通问题的处理方法。③城市和镇的步行交通规划则较为关注设施的建设。为了成功争取到联邦政府资金，地方必须承诺提供与之匹配的资金，并且有详细的项目、资金预算等[4]。

美国联邦和州政府还出台了一些指导步行交通规划实践的技术指引。如美国联邦公路局（FHWA）和美国联邦交通运输局（FTA）发布的用于州和大都市区层面步行规划的技术指引，如州政府需要争取联邦政府的资金支持，其步行交通规划必须满足技术指引的要求。技术指引的关键点如下：规划需要包括目标、政策、特定的工程和项目等内容；规划需要确定规划实施所需要的资金；工程和项目应包括依附于道路内的步行交通设施和独立于道路外的步行交通设施；任何寻求 FHWA 和 FTA 资助的项目必须包含在大都市区的交通改善项目中[4]。

《西雅图步行总体规划》在 2011 年荣获"美国步行友好社区铂金奖"，该规划共包括 4 个部分：规划任务、规划目标、步行交通现状、使西雅图成为最适宜步行的城市。其中提出了一系列行动计划，包括步行设施规划、工具箱（执法，教育，鼓励，设计、工程与无障碍，规划、土地利用与区划，公平、健康与环境，资金)、无障碍、实施计划与实施评估等内容[5]。

波特兰是美国著名的步行城市。《波特兰步行总体规划》针对不同的步行道类型设计了一套分类体系:步行区、城市步行道、片区步行道、小巷,并基于以下信息对城市范围内的步行网络进行评估;所有的步行道上电线杆、邮箱等步行障碍物,街道上汽车和行人的事故数据,社区对步行道和其他步行环境的改善需求。规划同时对步行环境提出了发展目标:改善波特兰行人的步行环境,通过设计来丰富步行空间。波特兰也制定了《波特兰步行设计导则》,为人行道、人行横道、街角空间、步行小径和楼梯提供了详细的设计规范[6]。

欧洲城市一贯重视步行交通的发展,哥本哈根、赫尔辛基、斯德哥尔摩、阿姆斯特丹、伦敦、柏林等都是国际步行交通发展的典范[7]。以伦敦步行交通规划(2004年)为例,规划包括3个部分:第一部分为2015年愿景,通过分析什么是步行友好的城市来设定2015年愿景;第二部分为步行现状,阐述为什么需要鼓励步行、过去几十年中步行比例下降的原因、问卷调查中反映的阻碍步行出行的因素、影响步行环境的政策等;第三部分为行动规划,提出一系列、政策、项目、行动,实现提升步行规划协调性和包容性、促进步行、改善街道环境、改善新开发区域、改善安全性、规划实施及监督等6个目标[8]。

总结国外城市步行交通规划的成功案例,发现步行交通规划中内容需要包括:目标、目的和评价标准;现状情况和需求预测;确定实现目标、目的所需要的行动;规划实施的效果评估;公众参与。共同特征有:广泛的公众参与,包括所有的利益相关者;使用GIS分析现有的步行设施、街道步行环境;对已有交通和土地使用政策的评价,并提出政策保持或调整的建议;建立关键设计过程,以系统地改善造成步行障碍的设施或环境;确定需要改善的区域或街道,即步行活动频繁但步行环境糟糕的地方。

随着步行交通越来越受到重视,国内也出台了一些步行交通规划导则,比如住建部发布的《城市步行和自行车交通系统规划标准》[9]和《城市步行与自行车交通系统规划设计导则》[10]、江苏省住建厅发布的《江苏省城市步行与自行车交通规划导则》[11]、辽宁省住建厅发布的《辽宁省城市步行与自行车交通系统规划编制导则》[12]、重庆市规划局发布的《重庆市山地步行和自行车交通规划设计导则》[13]、深圳市规划和国土资源委员会发布的《深圳市步行和自行车交通系统规划设计导则》[14]。

近年来,国内步行交通规划开展越来越多。国内步行交通规划多以市县为编制范围,重点关注市县的主城区,强调步行设施的规划建设。上海市(2007年)

和杭州市(2007年)是国内最先开展步行交通规划的城市。除此之外,成都市、天津滨海新区和苏州常熟市的慢行交通规划在步行网络的组织上也较有特色。

上海市中心城步行交通规划中提出了"慢行岛"和"慢行核"的概念。步行交通规划以"岛际安全""岛中和谐""核内优先"为原则。规划内容包括:对路权分配、人车矛盾、设施缺陷、步行特征、设施偏好等进行调研分析,发现问题,制定规划设计原则;垂直干道方向,借鉴国外大都市区同类干道建设经验,结合行人意愿调查,重点研究步行过街设施的间距阈值及形式,并就人行横道、步行安全岛、街角、信号配时等过街设计要素做出讨论;平行干道方向,重点研究人行步道的宽度阈值及形式,规划休闲步行与生活步道;提出慢行导向下的步行设施规划与设计方法,对交通宁静化手段进行技术集成[15]。

杭州市慢行交通系统规划中步行交通规划内容包括:梳理步行网络,分为控制步行活动的道路、重要步行通廊、依托城市道路的重要步行通道等;划分步行单元,按步行适宜尺度(500～800m)及功能分区不同,将主城区划分为中心区、居住区、混合功能区、交通枢纽区、历史街区、旅游风景区、文教区、工业仓储区8种类型的步行单元,根据各类型步行单元中步行活动组织的不同特点,针对性提出规划措施;提出步行交通规划设计指引;对西湖风景区等重点区域步行交通进行了详细规划[16]。

成都市慢行交通系统规划提出将构建完善的步行交通网络,主要包括步行专用道、通学优先道、步行特色道3种类型。其中,步行专用道由步行街打造而成,形成安全通畅、舒适宜人的步行环境,分布在重点片区;通学优先道将严控小学周边城市道路,构建联系学校与周边住宅区的连续慢行网络,保障出入口所在道路及周边邻近道路慢行通道宽度、设置过街信号灯及路段机动车减速带、学校周边交叉口设立体过街等措施;步行特色道串联城市内的历史文化与生态景观节点,形成安全连续、舒适宜人、以锦城文化特色为突出元素的城市步道线路,彰显城市魅力,传承文化特色[17]。

天津滨海新区慢行交通规划提出除快速路外所有道路均应配置人行道外,其中规划的骨干步道包括步行廊道、步行通道、步行休闲道3类,间距200～500m(区内任一点1～3min可走入骨干步道),约占所有步道的3/4[18]。

常熟步行交通规划中依照城市道路路权分配使用的差异性,将城市道路网络分为机动车专用路、车行主导道路、人车均衡道路、步行优先道路、步行专用路等5种类型。针对各等级道路交通需求特征、承担的交通功能,对各等级道路人行道宽度提出建议[19]。

8.2 步行交通规划体系

8.2.1 步行交通规划目标及应对

步行交通规划旨在构建适宜步行的城市。索斯沃斯等认为一个适宜步行的城市应当具有以下几个重要属性。①不论是在局部还是在更大范围内,路径网络需要具有连通性;②与公共交通等其他交通方式相联系;③细化和多样的土地利用模式,尤其要有为本地服务的功能;④良好的社会治安和交通安全性;⑤路径的质量,包括宽度、铺装、景观、标识和照明;⑥路径的环境,包括街道设计、建成环境的视觉吸引、通透度、空间的定义、景观和整体开发[20]。索斯沃斯等的研究中提出的适宜步行的城市应具有的 6 个重要属性,实际上分属于不同的尺度。①②③聚焦于城市,属于城市步行性的范畴;④⑤⑥聚焦于街道,属于街道步行性的范畴。因此,适宜步行的城市必须同时具有良好的城市步行性与街道步行性。另外一些因素也会对城市是否适宜步行产生影响,比如,是否有良好的步行氛围,是否有对机动车礼让行人的管理。

本书在城市步行性的研究中提出了能够促进步行出行,减少私人小汽车出行的建成环境因素,包括土地利用、步行网络、与公共交通的联系 3 个方面。简单地说,就是要创建一群紧凑、混合使用的步行社区,在合理的步行出行范围内设置多种类型的出行目的地,布置便捷的步行网络,给居民创造多样化的使用设施和获得服务的机会,同时提供良好的公共交通服务,避免步行社区成为孤岛。改变土地利用往往超出步行交通规划的范畴,需要土地利用规划予以落实。步行网络及与公共交通的联系的改善,可以通过步行交通规划中的步行网络规划予以实现,当然也需要道路网规划、公共交通规划的协同。

相比提高城市步行性,提高街道步行性的成本更低,更易实施,也往往能够起到立竿见影的效果。具有良好步行性的街道需要满足:畅行性的要求,所有的街道必须有连续的人行道或者安全的共享空间,并且有足够的净宽、适宜的坡度;安全性的要求,街道对所有的使用者来说必须都是安全的,即所有的街道都需要有行人能够享有优先权的慢速空间,如果街道空间局促,则要使得整个街道变成慢速空间;舒适性和愉悦性的要求,街道绿化、街景、家具、临街建筑均应为步行、休闲、交流、商业等活动提供良好的环境。畅行性与安全性的要求可以通过步行交通规划中的步行空间设计予以满足,舒适性和愉悦性的要求则需要通过步行交通规划中的步行环境设计予以实现。当然,步行空间设计与步行环境设计并不是完全独立的,步行空间设计会影响到舒适性与愉悦性,步行环境设计也会对畅行性和安全性产生影响。

基于步行性的视角,步行交通规划目标及应对如图8.1所示。

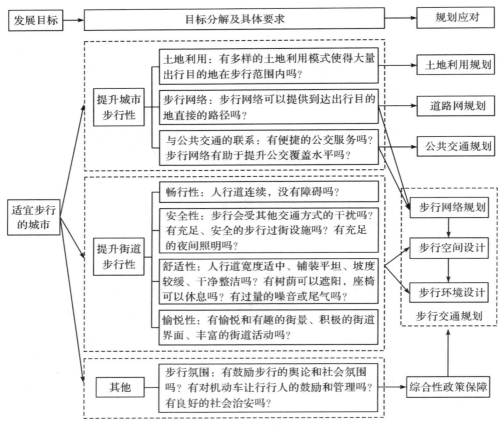

图 8.1　步行交通规划目标及应对

8.2.2　步行交通规划核心内容

步行交通规划核心内容包括 3 个方面:网络、空间、环境。网络要素主要指步行网络布局,涉及网络形态、密度、间距等内容;空间要素主要指步行道、步行过街设施,涉及设施的宽度、间距、位置等内容;环境要素主要涉及与步行空间相关的绿化、景观、街道家具、临街建筑等。另外,步行交通规划也需要综合性的政策保障。

1. 步行网络规划

步行网络规划的核心是明确步行网络的布局、规模、等级。如果规划范围较大,则需要划分步行分区,明确各分区步行活动的类型、强度,构建满足不同步行活动需求的步行网络。同时要关注步行网络与公共交通系统的衔接。对于未建成的区域,步行网络规划需要研究已有的控制性详细规划或者道路网专项规划中的道路网方案,判断是否满足步行出行的需求,是否需要对方案进行优化调整。对于已建成的区域,步行网络规划需要针对现状步行网络存在的缺陷,通过打通街巷、规划立体步行系统、规划独立步行路径(比如贯通公园、大型居住区的路径)作为城市路网的补充。

2. 步行空间设计

步行空间设计的主要对象是街道上的步行道、人行过街空间(包括路段人行过街和交叉口人行过街)。对于未建成的区域,步行空间设计的重点是对步行空间进行控制和预留。确定步行道的宽度,人行过街的间距、形式,以及立体过街设施的位置、用地控制范围。对于已建成区域,步行交通面临的最大困境是空间被其他交通方式或其他设施侵占,无法保证连续、安全的通行环境。步行空间设计的重点是对道路空间进行精细化的调整,优先保障步行道空间,优化人行过街设施的布局。

3. 步行环境设计

步行环境设计的要素包括路面铺装、遮阳避雨设施、街道家具、绿化、指示标识等。步行环境设计旨在使步行更加舒适和愉悦。除街道外,需要开展步行环境设计的区域还包括步行商业街区等。对于未建成的区域,步行环境设计更多是提出针对性的设计指引。对于已建成的区域,步行环境设计则需要针对具体的街道开展详细设计。

4. 综合性政策保障

建设适宜步行的城市,不能仅仅聚焦于步行交通设施,而应该关注政策、规划、建设、管理、评估、教育、激励等多方面的共同作用。步行交通设施固然重要,但步行交通存在的问题不仅仅是步行交通设施的问题,仅靠设施改善并不能解决很多由用地规划、教育、管理等引起的问题。例如,街道活力的提升不能仅靠提供充足的步行活动空间,也要通过用地规划促进土地的综合利用,保证城市建筑、活动、功能的多样性;降低步行事故率不能仅靠事故黑点的整治,也要通过对步行者、驾驶者的教育来提高其交通安全意识,养成良好的交通行为习惯。

8.3　步行网络规划

　　构成步行网络的既有道路网络,也有立体步行系统比如空中步行连廊、地下步行廊道,与水系山体相结合的健身步道、景观绿道等。道路网络是步行网络中所占比例最大的部分,主要服务于步行交通需求,是步行交通规划所研究的重点。步行网络规划的核心旨在构建满足人们的日常出行需求,如工作和购物,同时支持休闲、游憩和锻炼等目的出行的步行网络。尽管步行网络主要依托于道路网络,但是步行网络规划与传统的以机动车交通为主导的道路网规划一些不同。从规划的视角和尺度来看,传统的道路网规划需要从城市的尺度研究道路在网络中的功能,主要是机动车交通功能,道路在网络中的重要程度通常随道路等级下降而依次降低。因此可以按照道路等级依次展开规划。比如,城市总体规划或综合交通规划关注城市的骨架路网,只需要规划次干路及以上等级的道路,下一层级的规划如控制性详细规划或道路网专项规划中才会对更低等级的道路进行规划。步行网络规划则需要基于人的尺度,如果将步行活动发生最频繁的道路作为步行网络中最重要的道路,那么道路的重要程度与道路等级并不存在必然的联系,很可能较低等级的道路步行活动发生的频率会高于较高等级的道路,因此步行网络规划很难在城市整体的层面开展。目前一些国内城市在城市整体的层面开展的步行网络规划也只是规划了一些大尺度的步行廊道。鉴于此,城市步行交通规划中通常会对步行交通进行分区,以便在次区域步行交通规划中提出全面、细致的步行网络规划方案。

8.3.1　步行分区

　　步行分区的目的在于通过划分更小的片区将步行交通规划从城市的尺度向人的尺度转变。因此,步行分区首先需要考虑的是规划区域面积。如果规划区域面积较小,能够在规划区域开展全覆盖的步行交通规划,研究深度可以达到区域内所有街道或者大多数重要的街道,则不需要进行步行分区。反之,则需要进行步行分区。

　　从目前国内外的规划实践来看,步行分区并没有唯一的最佳分区方法,几种步行分区方法各有特色,分别适用于不同的规划场景。一些步行交通规划的规划区域为老城等已建成且已经发展非常成熟的区域,步行交通规划以做存量为主,主要任务是改善步行环境。这时可以划出一些需要重点规划或改善的区域,这些区域的划定通常通过步行交通现状来评估,即只划出现在有较大的步行需求或未来有较大的步行潜力的,然而步行环境并不理想的地方,不必在规划范围内开展全覆盖的步行分区。

对于在较大的范围比如城市中心城区开展步行交通规划的城市,步行分区旨在体现不同区域间的步行交通特征差异,确定相应的发展策略,提出差异化的规划设计要求。步行分区能够发挥作用的前提是有与这些分区对应的、涉及步行交通的规划,可以是当前的步行交通规划或次区域的步行交通规划,也可以是控制性详细规划等,因此步行分区的尺度不宜过小。国内一些步行交通规划中按照步行适宜尺度(500~800m)划分步行单元,由于步行单元尺度太小,划分出的数量众多,且缺乏与之对应的规划,因此,存在相应的规划策略与设计指引无处落实的情况。划分步行分区主要依据规划用地的情况,对土地使用性质、开发强度、人流密集程度、公共服务设施集中情况等进行综合判断,或者直接使用潜在步行需求分析方法。划分步行分区时还可以考虑2个方面:①控规编制单元的划分。比如,一个控规编制单元可包括一个或几个步行分区,便于将规划策略、控制要求、最终规划方案进行有效结合,保障规划的落地。②区域的建成情况。将做存量为主的地区与做增量为主的地区进行明确的划分,两者步行交通规划的侧重点不同。依据步行活动的类型与强度,步行分区可以分为3类,如表8.1所示。

表8.1　步行分区

类型	步行分区
步行一类区	步行活动密集程度高、步行交通需要最高优先权的区域,如人流密集的城市中心区、大型公共设施周边(如大型医院、剧场、展馆)、主要交通枢纽(如火车站、轨道交通站点、公共车站)、城市核心功能区(如核心商业、中心商务区和政务区)、市民活动聚集区(如滨海、滨河、公园、广场)等
步行二类区	步行活动密集程度较高、步行优先兼顾其他交通方式的区域,如人流较为密集的城市副中心、中等规模公共设施周边(如中小型医院、社区服务设施)、城市一般功能区(如一般性商业区、政务区、大型居住区)等
步行三类区	步行活动聚集程度较弱、给予步行交通基本保障的区域

8.3.2　步行道分级

国内现行的市政道路分级体系将城市道路按照等级高低,依次划分为快速路、主干路、次干路、支路 4 级。机动车交通是道路分级体系的主要判定标准：由于等级越高的道路机动性越高，以服务通过性交通为主，因此设计速度越高；由于等级越低的道路可达性越高，以服务出发性和到达性交通为主，因此设计速度越低。

在大多数城市的控规或道路网规划中，步行道的宽度完全取决于传统的市政道路体系。道路等级越高，路幅宽度越大，步行道也越宽；随着道路等级的降低，步行道宽度随之变窄。然而传统的道路分级方法仅仅是将机动车交通功能作为分级依据，并没有考虑道路在服务步行交通、提供公共空间等方面的功能，因此在设计步行网络与分配步行空间时如果依旧采用传统的市政道路分级体系会造成步行需求和供给不匹配。

从满足步行需求的角度出发，步行活动强度应该是决定步行道等级最根本的要素，而影响步行道步行活动强度的主要因素是临街的土地利用与建筑设计。临街的土地利用是最重要的因素。临街的商业用地会产生大量的步行交通和商业活动，相比居住用地步行活动强度往往更高，而居住用地步行活动强度又高于工业用地。另外，建筑密度与容积率高、地块尺度小、街道稠密的区域往往步行活动强度更高。可能影响步行活动强度的建筑设计要素包括建筑高度、体量、尺度、退线、出入口朝向、底层用途等。建筑临街且面朝街道，能够步行从街道上直接进入建筑的入口，建筑底层商户的透明玻璃、拱廊、提供户外的座位等形成交互，建筑沿着街道形成街墙，建筑设计元素有趣、富有吸引力、符合行人的尺度等，有利于提高步行活动强度。建筑幅度的后退道路红线，以及围墙等无活力界面面朝街道，则可能减少步行活动强度。综上所述，应依据临街的土地使用和街道界面，对步行道进行分级，如表 8.2 所示。

表 8.2　步行道分级

类型	说明
一级步行道	商业或类似用地主导，街道界面非常活跃
二级步行道	居住或类似用地主导，街道界面较为友好
三级步行道	工业或类似用地主导，街道界面没有活力

8.3.3　步行网络密度

从城市步行性的研究中可以看出，交叉口密度对居民选择步行出行有显著影响。步行是速度最慢的交通方式，必须就近、直达出行，也很难像机动车交通一样在道路网中被灵活安排。高密度的步行网络是保证步行邻近性、直达性、可选择性(行人有多条可以到达目的地的路径选择)的最重要因素。高密度的步行网络需要有高密度的道路网保障。高密度的道路网也能带来尺度适宜的街区和街道,不仅对行人更加友好,也能使土地使用更加多样化,增加临街商业面积,提升整个街区和街道的人气。较少的机动车道数和较小的路幅宽度也能降低机动车的行驶速度,使机动车交通在路网中均匀分布。

　　雅各布斯在《伟大的街道》中选取了 97 个不同城市同样面积的区域(约 2.6km²),对街道形态进行了比较分析。其中,威尼斯、东京高桥地区、首尔等交叉口间距小于 50m,阿姆斯特丹、罗马、伦敦城区等交叉口间距小于 100m,旧金山、哥本哈根、匹兹堡等交叉口间距小于 150m,这些区域步行的选择性、渗透性高,动态视觉体验丰富,步行体验最好。巴西利亚、洛杉矶圣费尔南多区等交叉口间距小于 200m,这些区域步行的选择性、渗透性下降,动态视觉体验趋于单调,步行体验变得不舒适。而美国的欧文商业综合区交叉口数量最少,交叉口间距大于 350m,这些区域的步行选择性、渗透性差,动态视觉体验差,街道生活发生的可能性很低,开始对汽车产生依赖[21]。参考雅各布斯的研究,从步行体验角度提出对应不同步行分区的步行网络密度的规划控制要求。控制间距选择为 150m、200m、300m,并计算相应的网络密度,如表 8.3 所示。

表 8.3　步行网络密度要求

步行分区	网络密度/(km/km²)	平均间距/m
步行一类区	14~18	100~150
步行二类区	10~14	150~200
步行三类区	6~10	200~300

8.3.4　步行网络与公共交通的衔接

　　除了在步行分区内提供良好的步行网络,加强步行网络与公共交通的衔接也很重要,能避免步行分区成为孤立的步行岛,需要依赖私人小汽车进行外部联系。Southworth 举过 2 个生动的案例。盖瑟斯堡的肯特兰镇有着行人尺度的街道、多样的街道建筑和景观,从一个街区到另一个街区,有很多路径可供选择,沿途有不断变化的景观,都使这里成为愉快的步行空间,以至于居住在其他地方的居民会专程开车来这里享受步行。与之相反,弗里蒙特的莫里大道区是一个以公共交通为导向的区域,但缺乏步行社区的各种品质,尽管步行道无处不在,由于街道过宽、车速过快、空间不通透、建筑尺度大且封闭、景观和街道小品很少、几乎没有人行横道,因此很少有人会选择步行和公共交通出行[6]。步行与公共交通是相辅相成的关系。公共交通系统自身决定了居民公共交通出行的车内时间,而良好的步行网络能缩短车外步行时间,如果公共交通站点周边有良好的步行环境,在感觉上也能缩短车外等车时间。

现以南京老城为例,以传统的公交覆盖率计算使用直线距离,南京老城公交车站 300m、500m 半径范围覆盖率分别达到 88%、98%,如图 8.2(a)所示。如果考虑真实的街道网络(包括主、次支路及街巷),采用网络距离计算南京老城公交车站 300m、500m 半径范围覆盖率,覆盖率就下降为 66%、87%,如图 8.2(b)所示。如果只考虑仅有主、次支路构成的街道网络(新城的街道网络从布局和密度上类似于这种只有主、次支路的街道网络),公交车站 300m、500m 半径范围覆盖率就更低,仅有 42%、62%,如图 8.2(c)所示。可见街道网络的布局、密度直接影响了公共交通的覆盖率,进而影响居民步行到达公共交通站点的时间,以及是否选择公共交通出行的决策。

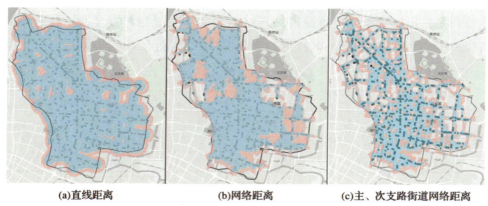

(a)直线距离　　　　　(b)网络距离　　　　(c)主、次支路街道网络距离

图 8.2　使用不同方法计算南京老城公交车站 300m、500m 半径覆盖范围

注:蓝色为 300m 半径范围覆盖,红色为 500m 半径范围覆盖。

在开展步行网络规划时,需要关注步行分区内的公共交通线路与站点的现状分布情况,尤其是一些公交车站,可以详细研究步行分区内主要的居住与就业聚集点至公共交通站点是否有便捷的步行网络。特别是在郊区,结合公共交通站点,以适当的步行距离为服务半径形成公共活动中心,集中提供商场、娱乐设施、超市等公共设施,并通过步行网络,将社区中心、社区公园、中小学联系在一起,以满足居民的日常需要。

8.3.5 步行网络的评价指标

步行网络的分析与评价指标有:街区边长、街区面积、街区密度、步行网络密度、交叉口密度、路段节点比(路段数与交叉口数之比)、步行路径直线系数(步行起讫点之间真实的步行距离除以直线长度)。

街区边长、街区尺度、街区数量不仅仅为步行网络的分析评价指标,也是建成环境的评价指标,三者有明显的相关性,通常认为街区边长越小,街区尺度越小,街区数量越多,步行网络越理想。以街区边长为例,美国很多规划机构都将160m作为街区边长的上限,并且推荐100m的街区边长,认为有利于步行和自行车的连接[22]。

步行网络密度为步行网络规划的控制指标,规划要求如表8.3所示。路段节点比反映了平均交叉口的路径可选择度,指标从最低1(完全尽端路)到最高2.5(完全格网),通常适宜步行的区域该比值最小应该为1.4~1.6。步行路径直线系数最理想的是1,通常适宜步行的区域在重要的步行起讫点之间。该系数应该小于1.5,比如从居住小区到邻近的公共服务中心或者轨道交通站点[22]。

8.4 西雅图步行交通规划案例

西雅图(Seattle)是美国太平洋西北区最大的城市,位于华盛顿州普吉特海湾和华盛顿湖之间的国王郡,是国王郡的郡府所在地,也是美国太平洋西北部商业、文化和高科技中心,重要的旅游及贸易港口城市。西雅图曾多次被联合国评为"世界最佳居住城市"。根据2007年的统计资料,西雅图城市人口为61.7万人,城市面积238km^2,人口密度约为2591人/km$^{2[23]}$。

西雅图于2007年开始编制《西雅图步行交通规划》,于2009年完成。该规划分为4个部分:一是规划任务,二是规划目标,三是西雅图步行交通现状,四是使西雅图成为最适宜步行的城市[24]。在2011年全美步行友好社区项目①的

---

① 步行友好社区(Walk Friendly Communities,WFC)是一个旨在鼓励美国城镇营造更加安全的步行环境的项目。WFC项目评选那些着力于步行环境(包括安全性、机动性、可达性和舒适性)改善并取得良好成效的美国城镇。项目评价城镇步行环境的主要指标包括步行整体情况(如出行率、事故率),以及步行规划、教育与激励、工程、执行、评价等。WFC项目目前评选出的获奖城市中,除西雅图获铂金奖外,还包括安娜堡等9个金奖城市、亚历山大等5个银奖城市、奥斯汀等9个铜奖城市和彼得堡等14个优秀奖城市(http://www.walkfriendly.org/)。的

评选中,西雅图获得全美步行友好社区铂金奖(唯一最高奖)。该奖项的评价中,将西雅图的获奖归因于"顶尖的规划和工程,杰出的延伸服务和教育,有效的执行和评估"[23]。其中规划作为对工程、延伸服务、教育、评估机制等内容的统筹安排,在西雅图建设步行城市的过程中起到了至关重要的作用。

8.4.1 规划任务、目的和目标

西雅图虽然一贯被认为是全美步行最安全和最可达的城市,但仍然有很大的提升与改善空间。比如,步行网络的连通性、步行环境在城市的不同片区存在很大的差异,在州议会山、弗里蒙特等一些社区内有步行可达的并已经成为重要社区活动中心的商业核心区,但在另外一些社区内却缺乏这样的活动中心,或在街道上缺少良好的步行设施[24]。现状与西雅图居民的期望也存在一定差距,居民们希望他们的孩子能自由地探索周边环境,喜欢他们的社区,在社区内安全地步行。基于对现状问题的分析和公众期望的考虑,《西雅图步行交通规划》提出了针对性的任务、目的、目标、策略和行动。

规划任务是提出城市步行交通未来发展的蓝图,即明确人们需要什么样的步行环境。《西雅图步行交通规划》的任务是使西雅图成为美国最适宜步行的城市。步行城市的概念在美国多个城市的步行交通规划中都被提及(如安娜堡、奥克兰),在中国的一些步行交通规划实践和研究中也被引用。实现步行城市,必须先对步行城市的内涵有清晰的认识。《西雅图步行交通规划》中对步行城市的解释是:城市拥有吸引人的步行空间,人们愿意使用他们的双脚来体会城市;在城市中步行是一种方便、有趣、健康的出行选择,居民普遍喜欢在城市中步行,乐于选择步行到邻近的地点或者拜访他们的街坊邻居。更具体地来说,步行城市应该有以下几项共同的特征:①城市中的每一条街道上都有令人愉悦的步行空间,可以是人行道、路边小径,也可以是其他能够容纳步行的公共空间;②城市中有维护良好、便于使用的步行设施;③城市中居住区周边步行可达的范围内,有各种类型的商店、学校、公园及其他公共服务设施;④城市中每个公共交通站点周边都有便捷的步行路径,使步行者能够通过换乘公交到达更远的地点;⑤城市中有充足的、可以休闲的街道或街区公园为人们相遇时的交谈及儿童的奔跑提供空间。

规划目的则是对蓝图进一步分解,确定步行系统应如何建立以适应此蓝图。规划编制机构、规划咨询委员会和很多西雅图居民参与共同讨论是规划目的提出的主要途径。规划目的分为4项:①安全,减少步行者交通事故的数量和严重程度;②公平,在公众参与、服务提供、可达性改善、资金投入等方面保持公平;③活力,提供能够满足健康社区和保障经济活力要求的步行环境;④健康,提高居民健康意识,鼓励居民增加步行以改善健康和预防疾病。

规划目标的提出,基于对西雅图步行现状问题的总结、已实施项目的分析、已有相关政策的研究,将规划目的进一步分解为可执行的规划目标,每个规划目标都考虑了支撑 1 个或多个规划目的的实现,并配套相应的策略与行动,最终形成规划任务实现的策略和行动的矩阵,实现了从战略性向操作性的转变、从蓝图向过程的转变。规划目标与对应的规划目的及相应的策略和行动如表 8.4 所示。

表 8.4　规划目标与对应的规划目的及与相应的策略、行动

规划目标	相应的策略	相应的行动(仅包含部分)	对应的规划目的
完成并维护规划提出的步行系统	资金支持建设新的步行设施并维修养护已有的步行设施	确定长期可持续的投资策略,支持步行设施改善 根据规划确定的优先准则使用资金,实现公平 通过举债或公私合作提供项目资金	安全、公平、活力
提高所有街道的步行性	在所有街道上保障连续的步行空间 改善主要目的地的步行可达性 提出更丰富的人行道设计标准	实施保障街道步行空间重要性的宣传项目 提供有吸引力的步行路径来改善原先的存在步行障碍,如跨越快速路、铁路等 提供绿化和人行道维护的实践案例	安全、活力
提高步行的安全性	保障步行者在交叉口的视野 改善过街状况,特别是在步行过街需求大的地方 加强机动车车速的控制,以支持和鼓励步行	更新人行横道标线、停车让行标志的安装指引 限制交叉口进口道的路边停车 基于需求评估,在居住区和交通干道实施交通宁静化设计	安全
规划、设计、建设多元的街道	合理分配路权,实现多元街道理念	继续检验并更新所有与多元街道相关的设计指引、规范 找出并解决由实施多元街道而造成的交通冲突点	安全、活力

续表

规划目标	相应的策略	相应的行动（仅包含部分）	对应的规划目的
创造有活力的公共空间鼓励步行	在社区内对使用者和目的地进行合理的用地混合 改造和提升公共空间的活力 推广行人尺度的照明在公共空间的使用	利用土地使用和区划工具鼓励步行友好的城市开发和增长 在中心城和其他社区建立公共空间网络连接步行需求较高的区域 提出无车和共享街道的指引	活力
使步行成为更多人的交通、休闲、健身方式	将提升步行者权益作为城市可持续和公平创新性行动的一个组成部分 建立有效的步行者教育项目 建立和稳固合作关系 监督和传播步行交通规划的宣传行动	新增或扩展提升步行者权益的行动 在全市范围内推广行人指路系统和行人地图项目 针对驾驶者和步行者开展步行安全教育活动	健康、安全

8.4.2　设施规划

步行交通活动在城市空间中最重要的载体是步行道和步行过街设施，因此步行交通规划中需要对这2类设施的建设和改善做出系统、合理的安排。

《西雅图步行交通规划》首先对所有的设施建设、改善项目进行整理并汇总。对于步行环境的改善来说，需要安排的项目是非常多的，大到新增一条步行道，小到增设一个步行过街信号灯，由于资金的限制，因此需要对项目的实施计划进行排序，使每年的资金投入能发挥最大效用。其次，《西雅图步行交通规划》中运用 GIS 技术对城市现状的步行环境和远期的步行活动进行了分析。在GIS 分析的基础上，资金将被优先投入目前步行环境存在较大问题但未来有较大步行需求的区域，同时综合考虑社会公平的因素和公众健康的因素，比如，资金将优先投入那些汽车保有率低、肢体残疾比例高、肥胖症比例高的社区。

步行设施规划的 GIS 分析包括基本要素分析、确定优先区域、确定设施评分、确定优先项目等 4 个环节。基本要素分析包括步行需求、公平、道路功能3 项：步行需求主要基于对步行交通的主要发生源（如高校、中小学、公共交通站点、商店、其他服务设施）的等级、影响范围进行分析，并通过设置对不同等级的发生源，设置相应的权重进行 GIS 的叠加分析，以确定步行需求的空间分布，评价主要使用路网、公共交通站点、人口、密度、用地类型等城市基础数据。公平主要基于人口普查的数据，确定那些最需要改善步行环境的人群空间分布，即有较多的低收入人群、肢体残疾、肥胖症人群和较低的私人小汽车保有率的社区空间分布。道路功能主要基于其和相邻土地利用情况综合考虑道路在步行网络中的重要性，如连接公共交通站点或主要服务设施，原本主要考虑机动车而忽视步行出行需求的道路被赋予更高的重要性，表征这些道路有较大的步行环境改善诉求。

　　基于上述 3 类的基础分析，将分析结果按照不同的权重进行叠加，以确定优先区域。设施评估是对步行道和步行过街设施的情况进行评分，步行道评分的主要考虑的因素有步行道、路边停车或行道树等缓冲带、交通量和车速等，人行横道评分主要考虑的因素有路缘斜坡、过街横道、交通信号和标志、道路宽度、交通量和车速等。最终将优先区域和设施评估进行叠加分析，确定步行道和步行过街设施的规划方案。分析流程如图 8.3 所示。根据 GIS 分析的结果，那些处于优先区域，并且现状步行条件较差的步行设施将在规划实施中予以优先安排。

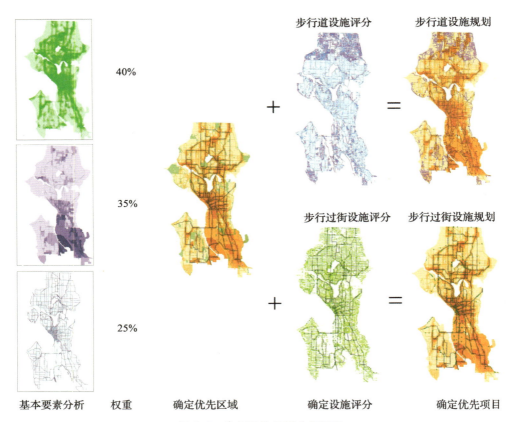

图 8.3　步行设施规划分析流程

注：根据《西雅图步行交通规划》中 8 张 GIS 分析图整合绘制。

8.4.3　步行工具箱

步行环境的改善需要通过一系列相应的策略、行动来支持，步行设施规划只是其中一小部分，更重要的是规划设计人员能在土地利用规划、道路规划、道路设计中考虑步行交通的需求，而这恰恰在传统的规划设计环节中是被忽略的，很多规划和工程技术人员往往并不知道如何在这些规划设计中将步行交通的需求考虑在内。因此，《西雅图步行交通规划》以工具箱的形式，在规划的网站上发布相应的规划设计方法指引、实践案例等，以支持规划和工程技术人员能够顺利开展步行友好的土地使用规划、道路规划和道路设计。

工具箱共包括执法，教育，鼓励，设计、工程与无障碍，规划、土地使用与区划，公平、健康与环境，资金等7项内容。使用的对象除了规划等工程技术人员，还包括从事土地管理、交通管理、环境、健康、教育等相关部门的政策制定者、实施者等，以及一些国际非营利组织等。工具箱通过给出全方位的行动指引，使所有相关的机构、人员参与到步行环境的改善中，并清楚地知道什么样的行动将有助于步行环境的改善。

美国于1990年通过《残疾人法案》，加强了对残疾人公民权利的保护。因此，无障碍设计成为步行交通规划的重要内容，也是公平性的重要体现。规划对残疾人步行时可能使用的无障碍设施的功能、设置方法等内容进行了详细的阐述，并与工具箱一样在规划的网站上进行发布，以供查询和使用。

8.4.4　实施计划与评估

实施计划需要通过制定一般性的政策来分配资金，以获得期望的未来。因此，实施计划的重点是进行在资金约束条件下的项目安排，帮助决策者确立一个投资程序。在2009—2014年总计6年的规划期中，相关税收每年提供约6000万美元的资金用以步行环境的改善，其中用于新建设施的资金约为4100万美元，用于维修养护设施的资金约为1900万美元。规划制定了每年总体上需要实施的项目数量，如表8.5所示[24]。在步行交通规划确定的项目优先程度排序基础上，西雅图政府每年都会发布本年度步行交通改善的实施总结和下一年的实施计划，供市民监督和查询[25,26]。

《西雅图步行交通规划》围绕着安全、公平、活力、健康4项规划目的建立了明确的评价指标，并相应提出了可衡量的评价基准（表征现状的实际情况）和期望趋势（表征规划的预期效果），如表8.6所示[24]。定量化的评估是依托在完整、准确、持续性的数据基础上的。如关于步行活动的评价数据来自西雅图聘请第三方机构从 2006 年起在选定的位置，每半年（步行活动最频繁的夏季和最稀少的冬季）开展的有效的步行者统计，数据不仅可以用来评价规划实施效果，也可用于分析步行数量的季节变化和时变化、日变化，以掌握步行者的出行趋势[27]。

表 8.5 规划中对每年实施计划项目数量的安排

类别	项目	数量或范围
步行过街	重要交叉口整治（信号灯、过街安全岛）	3
	人行过街缩窄（路缘斜坡、过街横道）	96
	维修养护	更换或维修步行过街标志标线
步行道	新建步行道	26 个街区当量：330 英尺×6 英尺
	维修养护	步行道维修、树木修、绿化维护

表 8.6 规划目的评价指标

规划目的	评价项目	评价基准	期望趋势
安全	步行者事故发生率	2006 年的事故数/步行出行数（2006 年居民出行调查）	事故率下降
	特定机动车干道上的车速	2008 年测得的 85% 的车速	将 85% 的车速降低和维持在限速要求下
	参与步行者安全、教育、鼓励项目的学校	2008 年参与项目的公立中小学数量	增加学校的参与数
	驾驶者和步行者的行为及法规意识	2009 年知识、态度、行为调查的结果	改善行为，增强法规意识
公平	在高优先区域中高优先级项目的资金投入	2009 年步行交通规划中确定的项目	增加高优先区域中高优先级项目的完成比例
	步行相关问题的公众参与	2009 年阅读步行交通规划网站的人数	增加步行交通规划网站的阅读人数
	公共交通客运量	2008 年单位服务小时公共交通客运量	增加单位服务小时公共交通客运量
	步行分担率	2006 年步行分担率（2006 年居民出行调查）	增加步行分担率

续表

规划目的	评价项目	评价基准	期望趋势
活力	街景活力	2008 年含有街景元素的街道使用许可数量	增加含有街景元素的街道使用许可数量
	步行活动	2008 年调查点的步行数量	逐年增加调查点的步行数量
健康	自我报告的身体锻炼	2006 年较少或没有参加体育锻炼活动的居民百分率（2006 年健康报告）	减少较少或没有参加体育锻炼活动的居民百分率
	增加儿童上、下学使用步行或自行车的数量	2008 年中小学生步行去学校的数量（2008 年学校安全路径项目中的出行调查）	增加中小学生步行数量

8.4.5　经验及启示

《西雅图步行交通规划》在综合性、技术方法、实施计划、评估机制、公众参与等方面出色的工作是规划成功的主要原因。《西雅图步行交通规划》除关注步行交通设施外，还强调对政策制定、项目管理、实施评估、公众参与、教育、激励等统筹安排，发挥以多维综合、系统指引为特色的公共政策作用。

《西雅图步行交通规划》使用 GIS 技术确定步行设施规划方案，通过建立相应的分析模型，确定未来步行活动的空间分布、步行交通改善需求的空间分布，保证规划方案能真正体现安全、公平、活力、健康的要求。规划中先进技术方法的使用，不仅对规划师提出了要求，也对城市规划基础数据的建立、健全、共享等提出了要求。建立城市基础数据库并加强数据库的维护、更新和共享，通过规划对相关数据的应用需求，促进城市基础数据库的不断完善，才能使规划中先进技术使用成为可能。

《西雅图步行交通规划》不仅仅停留在蓝图规划上，而是通过每年制定和发布的实施计划，将步行交通规划在时间维度上次第展开。实施计划按照每年议会批准的资金数量，根据规划制定的项目优先顺序进行排序，使实施计划具有资金上的可行性。同时鼓励吸引计划外的机构投资、捐款，这些计划外的资金也将按照项目优先程度进行使用。

《西雅图步行交通规划》通过对规划目标的分解确定针对性的评价指标，并对每一个指标制定定量化的要求。指标也不仅仅是物质设施建设的完成度等，而是选择了直接反映城市步行环境的一系列指标，如事故发生率、步行活动等。这使得规划更加注重运用多维综合的方法改善步行环境,而不是停留在物质设施的完成程度上。在年度实施计划完成后,需要进行评估,用以检验规划是否实现目标并总结经验。通过评价并不断调适优化,使规划具有应变能力和自组织特性。

《西雅图步行交通规划》具有公共政策属性,公众参与是公共政策制定的显著特征。公众参与包括向公众派发问卷,征求居民对规划任务、目的、目标的建议;在公众建议的基础上制定规划草案;让公众参与讨论规划草案,了解公众对草案的意见,确定规划是否需要进行调整;根据规划草案和公众的建议进行修改、定稿;进行规划公示,举行听证。步行交通规划中的建设和改善项目大多比较微小,有很多是来自社区居民的提议。规划师很难自己规划出所有城市里需要改善的社区和街道中具体的实施项目,规划师也不会比居民对自己生活的社区和街道的步行环境更熟悉、更有感悟。在居民眼中,自家社区里步行环境的改善远比其他规划更能引起重视和共鸣。

8.5 小结

本章提出了步行性导向的步行交通规划方法。对步行交通规划体系进行了研究,分析了步行交通规划目标及应对措施,提出了由步行网络规划、步行空间设计、步行环境设计构成的步行交通规划核心内容,并阐明了综合性政策保障的重要性。在步行网络规划中,提出步行分区方法、步行道的分级体系、步行网络的密度要求、步行网络与公共交通的衔接要求和步行网络的评价指标。对《西雅图步行交通规划》进行了详细介绍,重点阐述了规划任务、目的和目标、设施规划、步行工具箱、实施计划与评价等,总结了综合性、技术方法、实施计划、评估机制、公众参与等方面的有益经验。

参考文献

[1] Forsyth A, Krizek K J. Promoting walking and bicycling: assessing the evidence to assist planners[J]. Built Environment, 2010, 36(4): 429-446.

[2] Scheepers C E, Wendel-Vos G C W, den Broeder J M, et al. Shifting from car to active transport: a systematic review of the effectiveness of interventions[J]. Transportation Research Part A: Policy and Practice, 2014, 70: 264-280.

[3] Zukowska J, Gobis A, Krajewski P, et al. Which transport policies increase physical activity of the whole of society? A systematic review[J]. Journal of Transport & Health, 2022, 27: 101488.

［4］Turner S，Sandt L，Toole J，et al. Federal highway administration university course on bicycle and pedestrian transportation［R］. Washington DC：US Department of Transportation，2006.

［5］邓一凌,过秀成,叶茂,等.西雅图步行交通规划经验及启示[J].现代城市研究,2012,27(9):17-22.

［6］Southworth M. Designing the walkable city［J］. Journal of Urban Planning and Development，2005，131(4)：246-257.

［7］Fischer E L，Rousseau G K，Turner S M，et al. Pedestrian and bicyclist safety and mobility in Europe[R]. Washington DC：US Department of Transportation，2010.

［8］Transport for London. Making London a walkable city：The walking plan for London［R］. London：Transport for London，2004.

［9］住房和城乡建设部.城市步行和自行车交通系统规划标准[S].2021.

［10］住房和城乡建设部.城市步行与自行车交通系统规划设计导则[S].2013.

［11］江苏省住房与城乡建设厅.江苏省城市步行与自行车交通规划导则[S].2012.

［12］辽宁省住房和城乡建设厅.辽宁省城市步行和自行车交通系统规划编制导则[S].2016.

［13］重庆市规划局.重庆市山地步行和自行车交通规划设计导则[S].2014.

［14］深圳市规划和国土资源委员会.深圳市步行和自行车交通规划设计导则[S].2013.

［15］上海市市政工程管理处.上海市中心城步行交通规划研究[R].上海：上海市市政工程管理处,2007.

［16］杭州市人民政府.杭州市慢行交通系统规划[R].杭州：杭州市人民政府,2007.

［17］成都市规划局.成都市慢行交通系统规划[R].成都：成都市规划局,2017.

［18］熊文,黎晴,邵勇,等.向世界级城市学习:天津市滨海新区CBD慢行交通规划[J].城市交通,2012(1):38-53.

［19］钱林波,叶冬青,曹玮,等.苏南发达地区中小城市步行系统规划体系研究——以江苏省常熟市为例[J].城市交通,2011(5):39-50.

［20］索斯沃斯,许俊萍.设计步行城市[J].国际城市规划,2012(5):54-64.

［21］雅各布斯.伟大的街道[M].王又佳,金秋野,译.北京：中国建筑工业出版社,2009.

［22］Handy S，Paterson R G，Butler K. Planning for street connectivity：getting from here to there[M]. 2003.

［23］Walk Friendly Communities. Walk Friendly Community Profile[R]. [S. l.]：[s. n.]，2011.

［24］City of Seattle. Seattle Pedestrian Master Plan[R]. Seattle：City of Seattle，2009.

［25］City of Seattle. Seattle Pedestrian Master Plan Work Plan［R］. Seattle：City of Seattle，2010.

［26］City of Seattle. Seattle Pedestrian Master Plan Progress Report[R]. Seattle：City of Seattle，2010.

［27］Downtown Seattle Association. Pedestrian Count Summary[R]. Seattle：Downtown Seattle Association，2010.

第九章　步行性导向的步行交通设计方法

本章首先对国内外步行交通设计研究实践进行综述，在上一章步行网络规划的基础上，进一步提出步行空间设计和步行环境设计方法。

9.1　步行交通设计综述

许多城市空间或交通研究的知名学者探讨了步行交通设计问题。Alexander在他的著作中介绍了几个关于步行和行人设计模式的建筑和城市规划理念，引入了不同的模式来提高人在建成环境中的体验。他提出了一系列按照社会方法分类解决行人活动和需求的模式，并进一步分成街道、土地利用、建筑和开放空间等4个子类别[1]。Gehl有诸多讨论步行的著作，如《交往与空间》《新城市空间》《公共空间·公共生活》《人性化的城市》。他提出3种改善行人步行体验的方法。其中，社会方法讨论了步行距离、步行空间、步行交通模型、步行活力模型和混合使用。视觉和功能方法对户外活动进行分类，强调树木和景观的重要性、步行景观的标准、步行路径的比例。气候方法讨论了小气候和步行舒适性。此外，Gehl引入了3种类型的活动，即必要活动、可选活动和社会活动，认为必要活动在任何条件下都会发生[2]。Whyte对美国城市进行分析、观察和调研，使用了社会、视觉和气候3种方法概述影响行人的各个方面。Whyte认为是首位引入气候方法研究行人生活的研究者。气候方法涉及光影分布和行人行为、朝南的重要性、利用温暖阳光及小气候与城市生活的关系[3]。Fruin对行人的交通特性和空间特性进行研究，提出了服务水平的实际标准，并对步行交通规划要素、设计要素进行研究[4]。

9.1.1　步行交通设计导则

　　步行交通设计的研究成果较多,国外已形成一些步行交通设计导则。美国联邦公路局出版的《步行交通设施规划、设计、运营指南》和《步行设施用户指南——提高安全性和机动性》、美国交通工程研究所出版的《步行交通设施设计与安全》和《通过创新性的交通设计改善步行环境》中,都对人行道、人行过街、标志标线、安全岛、公共交通站点、社区交通控制策略等进行了详细说明[5-8]。佛罗里达州、加利福尼亚州、南卡罗来纳州、华盛顿州、佐治亚州、佛蒙特州等都有步行交通设计导则[9-14]。

　　以往,国内大多数关于步行交通设计规范通常仅给出泛泛的设计原则和设计要求(大多为宽度类的设计控制指标,比如某道路等级对应的最小人行道宽度)。近年来,随着步行和自行车交通越来越受到重视,国内一些较新的国家或地方步行与自行车交通系统设计或道路设计规范中开始逐渐关注更丰富的道路元素,给出更具体的设计建议,并配以推荐和不推荐的设计图或照片对规划、设计、建设与管理进行引导,比如,国家标准《城市步行和自行车交通系统规划设计导则》[15]、北京市地方标准《北京市步行和自行车交通环境规划设计标准》[16]和深圳市地方标准《深圳市步行和自行车交通系统规划设计导则》[17]。

9.1.2　街道设计导则

　　进入 21 世纪以来,世界各国纷纷提出以人为本、空间共享的"街道重塑计划",不同国家城市的街道设计导则不断涌现,步行交通设计是其中的核心内容。纽约交通部提供了车行道、人行道、交通宁静化措施和道路绿化等设计清单,明确了街道主要类型、设置条件、设计元素和要求[18]。阿布扎比城市规划委员会给出了标准道路断面,并辅以针对行人、自行车、机动车、交叉口和交通宁静化的技术要点[19]。伦敦交通局在路权原则中强调步行优先,在具体设计中通过减小转弯半径、减少路内停车位等一系列措施来保障步行、骑行的空间和安全性[20]。洛杉矶公共卫生局发布的洛杉矶街道设计导则中涉及道路设计、用地规划、无障碍设计、信号控制、城市设计、场地设计、建筑设计、交通宁静化措施、街道家具、社区参与等多个领域[21]。

　　2010 年之后,国内开始有一些研究对国外街道设计导则进行综述和推介[22-26]。2016 年之后,随着《上海市街道设计导则》的发布,国内北京、南京、武汉、成都、昆明、广州、西安、厦门、深圳、青岛、苏州、佛山、玉溪、温州、绍兴、株洲、保定等诸多城市陆续发布了自己的街道设计导则。

上海市规划和国土资源管理局等发布的《上海市街道设计导则》是国内第一本城市街道设计导则[27]。导则按照"导向—目标—导引—措施"4个层次展开,首先以安全、绿色、活力、智慧为导向,进而提出目标、导引和设计要求,再辅以措施及案例进行说明。导则不仅明确了街道设计的基本原则,也分析了不同交通参与者的行为特征与需求,针对各类街道活动特点形成差异化设计建议,并提出道路断面、街道平面及交叉口的推荐设计。

深圳市罗湖区城市管理局发布的《深圳市罗湖区完整街道设计导则》旨在规范罗湖区多元城市街道空间,使老城混杂的街道变得有秩序,复兴城区活力[28]。导则分为背景理念、使用指南、街道要素、街道设计、街道案例、管理维护和评估更新等7个部分,首先以解决传统道路设计中红线约束、车行优先、场所缺失等问题为目标,结合罗湖区的发展需求与街道特征,提出完整的街道设计理念。对街道进行分类,分类提出街道空间设置建议及街道宁静化措施选择建议,并提供街道设计指引和案例参考。最后提出应加强管理维护、定期评估更新。

南京市规划局发布的《南京市街道设计导则(试行)》旨在通过对南京市街道的规划、设计、建设与管理进行引导,推动街道的人性化转型[29]。导则分为街道类型和构成、理念与目标、街道和街区、街道空间、街道物质要素及实施策略等6个部分。在街道设计中遵循以人为本、系统协调与空间整合的理念,打造安全、活力、绿色、特色、高效与智慧的街道空间。根据街道类型、交通和尺度配置街道物质要素,塑造街道空间环境。通过各级部门与公众的共同参与,不断完善城市街道的管理机制。

河北雄安新区管理委员会改革发展局等发布的《雄安新区美丽街道集成设计和建造导则》在评估新区街道现状的基础上,提炼具有雄安特色的"美丽街道"营造原则,构建生态、低碳、洁净、绿色街道的技术指引与设计标准[30]。在设计观念和实践中实现由"以车为本"到"以人为本"的转变,提出由"设计模块—设计要素—引导要求"组成的美丽街道营造体系,同时通过设施、空间、功能3个维度上的设计集成,强化街道整体景观和空间环境引导,绘制雄安美丽街道矩阵。

9.2 步行空间设计

随着机动化的快速增长,国内城市往往试图在原本非常有限的街道空间中提供更多的机动车通行空间,以满足机动车通行需求,却使街道上的步行、自行车空间逐渐缩小,甚至丧失。在规划道路断面时,交通规划师往往从道路中心线开始设计,考虑完机动车通行空间,剩余的空间则被用作步行、自行车等其他目的。在街道运行管理中,交警或城管部门往往更加关注机动车使用状况,增设路边停车等侵占了行人、自行车、绿化、商业活动的空间。部分行人,特别是参与商业活动的行人可能随之消失,另一些行人只能被迫进入自行车或机动车的通行空间。最终导致所有街道使用者无论速度快慢,都混杂在同一空间中,带来影响畅行性、安全性、舒适性和愉悦性的一系列问题。

步行空间设计的主要对象是街道上的人行道、人行过街空间,旨在通过设计保障街道的步行空间。但是步行空间设计并不能就步行论步行,需要将视角扩宽到街道设计的范畴,不仅要考虑行人的需求,也要统筹考虑街道中其他使用者的需求。

9.2.1 步行空间设计理念

1. 完整街道理念

无论是人行道空间设计还是人行过街空间设计,主要目的都是对街道空间的分配或者调整,以保障道路上行人、骑行者等各类交通方式使用者的通行权,这本质上是"完整街道"的理念。在美国,每年有近 5000 名行人或骑行者死于道路交通事故,而这些事故多发生于人行道或人行横道缺失、自行车道太窄或缺失、公交车候车空间不足、无障碍设施缺失的地点,这本质上是"不完整的街道"的表现。因此,美国于 20 世纪 70 年代开始提出"完整街道"(Complete Streets)政策,旨在强调对慢行和公共交通的路权保障。"完整街道"被定义为一种交通政策和设计方法,通过对街道、公路和桥梁进行合理的规划、设计、运营和维护,来保障街道上所有交通方式出行者的通行权,满足出行需求和安全要求。完整街道理念的提出对中国道路设计同样具有指导意义。中国城市面临道路设计以机动车通行能力为本,机动车空间不断拓宽,步行、自行车、公共交通空间受限,损害了使用步行者和骑行者的权利,也容易导致交通事故。但需要注意中美两国城市在城市形态、土地开发强度、路网密度、出行方式结构等方面存在显著差异,在应用完整街道理念时应充分考虑中国城市的实际情况。在中国快速城镇化过程中,要利用好新城建设、城市更新等机会,充分考虑所有出行者的出行需求,重新审视街道的功能定位,将完整街道理念融入道路规划设计中。

完整街道融合了可持续发展、精明增长、新城市主义等新城市发展理念,以及交通需求管理、交通宁静化等管理措施,以适应所有当前和未来的出行者为目的,而不仅是针对小汽车出行者。相较于以满足机动车出行者需求为目标的传统街道设计,完整街道的目标是通过完善道路相关设施,为所有交通方式的出行者提供公平的道路系统,包括所有年龄、出行方式及健康状况的道路使用者,也要满足出行者休憩、交流等需求。在根据完整街道理念进行步行空间设计时,总体上需要保证行人的优先级,为行人营造专门的步行空间,保证行人安全。

2. 健康街道理念

尽管完整街道保障了行人在道路上的通行安全,但是道路上行驶的汽车还会对行人及周边居民产生健康威胁。一方面是车辆产生的污染对人体造成的健康损害,另一方面是过度使用车辆会导致城市居民缺乏运动而出现亚健康问题。街道作为城市中最重要的公共空间,需要进行合理的设计来提升城市居民的健康水平。

"健康街道"的概念来源于健康城市,可以分为狭义和广义。狭义的健康街道是可以促进公众身体和提升公众心理健康的街道,核心在于人的健康。身体健康包括通过空间设计降低事故率,减少呼吸、心血管系统疾病和传染病等。心理健康包括提升安全感、降低孤独感和抑郁感等方面。广义的健康街道是指可以促进公众健康与促进街区发展的街道,其核心在于人和空间的共同发展。广义的健康街道不仅包含促进公众身体和心理健康,还包括提升街道设计中居民参与的权利和促进街区经济、社会、文化的可持续发展。葛岩等根据广义健康街道的内涵提出了健康街道的 8 个要素,包括健康环境、健康通行、健康社交、健康空间、健康服务、健康产业、健康文化和健康公平,如图 9.1 所示[31]。

健康街道和完整街道的概念存在一定差异。完整街道强调对象的维度,其核心在于街道使用对象的多元化;而健康街道强调对象的结果,其核心在于街道及街道使用对象的健康发展。因此,健康街道的设计应以促进公众身心健康为核心目标,通过改变街道空间分配、完善设施布局、优化界面设计等技术手段,提升街道环境质量,鼓励慢行出行,促进居民运动和社交,促进街道公平,进

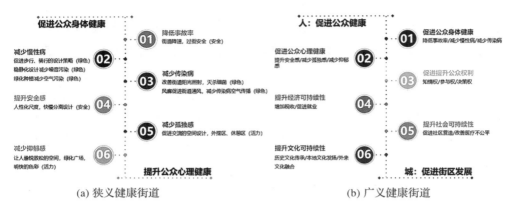

(a) 狭义健康街道   (b) 广义健康街道

图 9.1　狭义、广义的健康街道内涵[31]

而促进街区经济、社会、文化的可持续发展。在健康街道理念下,步行空间设计要充分体现"设计引领公众健康"的理念,将健康街道的目标融入步行空间的设计中。根据广义健康街道的内涵,步行空间设计可以从促进公众健康和促进街区发展两大目标展开。

健康街道最基本的目标是促进公众健康,保障居民身心健康。机动车尾气排放和噪声污染是身体健康问题的主要来源,前者会加剧呼吸道疾病,后者会对街道使用者和周边居民的睡眠、情绪、压力、血压等产生影响。因此,健康的步行环境需要充分利用绿化空间的生态效益来改善噪声环境和空气质量。需要合理布局街道绿化,采用行道树、围墙垂直绿化、街头绿地、退界区域绿化、隔离带绿化等多种方式增加街道绿量,发挥街道遮阴、滤尘、减噪等作用。在植物选择上,应优先考虑环境适应性较强的植物,考虑植物的抗逆性、安全性、适应性和降噪除尘能力。活动空间的局限和交流的缺失是心理健康问题的主要来源。在步行空间设计上,应积极拓展人行道等空间,促进居民交流。具体方法需要统筹利用红线内、外的硬软质空间,将景观与居民活动相结合。一方面,可以通过开放封闭的退界空间,统筹设计,鼓励外摆设置,增加居民在街道空间中交流交往的机会,并提升交流质量,形成健康的社交氛围;另一方面,可以采用树列、树阵、耐践踏的疏林草地等绿化形式取代景观草坪、灌木种植,提高绿地的硬地比,形成具有活力的开放绿地空间。在更大范围上,健康街道理念下的步行空间设计可以通过提升街边开放空间节点密度与可达性,以及绿化景观、休憩座椅、活动场地等的设置,形成健康的空间结构,提升空间品质,增加居民进行体力活动的频率。

健康街道更深层次的目标是促进街区空间的健康发展，包括经济、文化、社会等。经济的可持续发展可以通过鼓励沿街的多元业态，为街区提供就业岗位，鼓励沿街店铺的小型化等措施融合多元经济业态，避免商业综合体对沿街经济的冲击。同时，可以依据店铺功能对建筑前区进行合理的改造，例如外摆餐桌、宣传物品等。文化的可持续发展在于形成多元的街道文化，例如对传统街道尺度的延续、对历史建筑和传统文化的保护、对新文化植入的鼓励等。在空间设计上，可以通过人行道的地面铺装和地上设施来营造文化环境。社会的可持续发展在于街道的健康公平，需要保证街区发展针对不同人群的分配公平。因此，需要提升居民对街道空间设计及使用的知情权、参与权、决策权，保证不同背景、健康状况的居民都能够参与到空间设计决策中。

3. 全龄友好理念

全龄友好理念要求步行交通设计时要充分考虑所有年龄群体的需求和权益，特别是儿童群体。儿童处于快速成长和适应环境的阶段，其身体及心智相对脆弱，在步行交通设计中需要特别关注和保护。步行环境对儿童的成长和发展有重要的影响。尽管城市中的街道是儿童的前院，是他们的主要交通空间，但现实中，大多数街道都是围绕汽车设计的，车道很宽，存在交通事故和空气污染等威胁儿童安全和健康的问题。开展儿童友好的步行交通设计对促进儿童的成长、健康和未来发展具有重要的意义。

在儿童友好的步行交通设计中，畅行性、安全性、舒适性和愉悦性仍然是最重要的原则，可以将这些原则作为设计的切入点。畅行性原则要在考虑步行道连续和保持一定宽度（考虑推婴儿车或牵儿童走路的需要）的基础上，重点考虑儿童和看护人可能需要使用的无障碍设施。例如，人行道在交叉口处的缓坡可以避免人行道路缘石造成的通行障碍，人行道连接建筑的缓坡可以方便看护人推婴儿车进入建筑。安全性原则可以考虑应用宁静化措施、交通管理如设置限速区等来控制车速。针对儿童上、下学路段，可以规划合理的上、下学路径，完善道路标识，改善交叉口和路段过街，提供就近校车接送等措施，以确保儿童在上、下学期间的安全且优先通行。图 9.2 展示了荷兰代尔夫特的"儿童丝带"（安全且有吸引力的步行或骑行路径，可联系学校、活动中心、图书馆和运动场等儿童日常目的地），以及日本大阪学生优先的通学路。

愉悦性和舒适性可以通过步行空间和各类相关的小型空间的设计来提升。对于儿童频繁聚集的地区，如学校、运动场地和公园周围，需要加强不同功能的混合，形成活跃的街道空间界面。对于车流量较低的街道，可以在周

(a) 荷兰代尔夫特的"儿童丝带"　　　　　　(b) 日本大阪的通学路

图 9.2　学生优先通行措施

末和节假日进行临时交通管制,举办街道活动,将整条街道打造成娱乐空间,增进儿童之间、儿童与周围环境的互动。此外,为了保护儿童免受车辆尾气的危害,可在儿童聚集的区域或街道设置低排放区,限制高污染车辆在该区域或街道行驶。

关于儿童友好的步行交通设计,必须尊重儿童意愿,了解儿童需求,并支持儿童参与。国内很多城市正在探索儿童参与街道建设的有效机制。例如,深圳光明区、上海嘉定区等地成立了各级儿童议事会,选取儿童议事会代表参与街道发展规划、公共设施和公共空间建设和改造等议题。北京、广州、长沙等城市则组织了规划活动进入校园,让更多儿童了解城市运行和城市环境,并让他们作为"小小规划师",从儿童角度出发,参与规划、建设、管理城市。

9.2.2　步行空间设计要点

1. 考虑街道使用者的优先级

无论是规划新的道路还是重新设计已有的道路,都需要理解和包容所有街道使用者的需求。当街道使用者的空间诉求存在冲突时,需要根据街道使用者的优先级在有限的街道空间中平衡所有的使用诉求。街道使用者的优先级如图 9.3 所示。

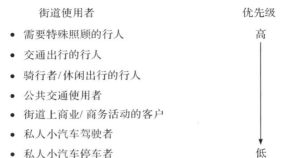

街道使用者	优先级
● 需要特殊照顾的行人	高
● 交通出行的行人	
● 骑行者/休闲出行的行人	
● 公共交通使用者	
● 街道上商业/商务活动的客户	
● 私人小汽车驾驶者	
● 私人小汽车停车者	低

图 9.3　街道使用者的优先级

其中,行人是最优先的街道使用者,因为相比于步行,其他交通方式的速度更快,更有可能被引导或调整至路网中的其他道路。在行人群体中,优先级最高的是需要特殊照顾的行人,包括儿童、老人、身体不便的人。他们的生理、心理机能与正常的成年人有显著的差异。比如,儿童可能很难完全看见所有车辆,由于身高、体型的原因,也很难被所有车辆的驾驶员发现。儿童对车速的判断往往并不准确,很难选择合适的过街时机和过街位置。随着年龄的增长,老人步速、转头观察和反应的速度也随之下降,穿越街道所需要的时间更长。身体不便的行人(如需要使用轮椅、拐杖,或者有视觉、听觉损伤的行人)则更可能受到狭窄、崎岖、不平整、不规则的人行道的影响。

私人小汽车停车者是优先级最低的街道使用者。原则上来说,牺牲其他街道使用者的空间,提供路边停车位是对私人小汽车交通的鼓励。因此,路边停车在街道设计和管理中应该是最后被满足的需求,较高的路边停车收费会鼓励短时间停车,提高停车位的使用效率。

2. 考虑街道使用者的数量

步行空间设计时需要考虑街道步行活动的强度,对于现状已存在的街道,可以通过实地调查得到详细的街道使用者类型、数量、分布。对于规划的街道,则主要考虑街道周边土地利用情况。比如,居住用地是居民生活的主要空间,临近居住用地的街道步行活动强度较高,老幼出行者多,需要考虑休闲、健身目的的出行对步行空间更高的要求,包括提供休息交往和儿童玩耍的空间。临近工业用地的街道步行活动强度较低,可以考虑以满足机动车需求为主,但仍然需要保障行人对步行安全性和舒适性的基本需求。

3. 考虑街道使用者的速度

街道需要对机动车空间和步行空间进行划分,这种划分表面上是将机动车与行人隔离,实质上是依据行驶(或行走)速度对交通方式进行划分。在同一空间内,混行速度差异非常大的交通方式会带来交通安全隐患和降低通行效率。进行街道设计时,需要将速度差异大的交通方式分隔开,只有速度差异非常小的交通方式才能共享同一街道空间。因此,速度是决定哪些交通方式能够在同一街道空间中共存的关键因素。道路等级的划分(决定了机动车的设计车速)和街道空间的划分都是旨在使实现行驶(或行走)速度划分,进而使交通方式间的速度冲突最小化。较宽的街道通常需要将机动车空间、自行车空间与步行空间进行分隔,以保证行人的舒适性和安全性;如果自行车和机动车的设计车速差异较大时,也需要进行隔离。而较窄的街道没有隔离条件的,则需要通过降低机动车车速使得不同速度的交通方式能共享同一空间,同时能包容街道的商业、社交活动。

9.2.3　人行道空间设计

好的人行道应该是具有吸引力的空间,不仅能够保障安全和舒适的步行出行,也为人们的相遇、交谈、休憩提供了场所。除一些窄小的街道可以通过交通宁静化设计实现人车共享,而不需要单独设置人行道外,人行道是绝大多数街道中必不可少的街道元素。

1. 未建成区域的人行道空间设计

对于未建成区域来说,很难准确预测未来的行人流量及参与其他街道活动的行人所需要的空间。因此主要考虑 2 个因素来确定人行道的宽度:首先是道路等级,其反映了某条道路在路网中的交通功能;其次是步行道等级,其反映了潜在的步行活动强度,步行道等级依据步行网络规划中的成果,即根据临街的土地利用与建筑设计确定,其中特别重要的因素应该是建筑密度、建筑底层用途、建筑高度。基于上述 2 个因素提出的人行道宽度建议值如表 9.1 所示。在具体取值时,对处于高等级步行分区的人行道宽度建议取高值,处于低等级步行分区的人行道宽度可以取低值。

表 9.1　人行道宽度建议值　　　　　　　　　　　　　单位：m

道路等级	一级步行道	二级步行道	三级步行道
主干路	5.0～7.0	4.0～5.5	3.0～4.0
次干路/快速路辅路	4.0～6.0	3.0～4.5	2.5～3.5
支路	3.0～5.0	2.0～3.5	2.0～3.0

由于路侧带包括人行道、设施带或绿化带，因此，除人行道外，规划时还需要对设施带或绿化带部分所需的空间进行核算，以免本应在设施带或绿化带中设置的树木、设施等因为空间不足而侵入人行道。在一些现有城市道路设计中，并未将人行道宽度和设施带或绿化带宽度一同进行考虑，而是将《城市道路设计规范》[32]中规定的人行道宽度（一般为 3.0～5.0m）直接当作路侧带宽度进行道路横断面的设计，一旦去除掉树木、设施所需要的空间，剩余的人行道宽度往往不足。

为节省空间，可以将设施带和绿化带结合设置，以下统一称为"设施带"。设施带的宽度一般不宜小于 1.0m，可满足路灯、垃圾箱、邮筒、电线杆、路牌等的设置要求。需要种植行道树、设置常规公交车站、停放自行车区域、放置设备箱或变电箱的设施带宽度一般不宜小于 2.0m。人行天桥出入口、人行地道出入口、轨道交通站点出入口、快速公交车站所需的宽度往往大于 3.0m，可以单独计算需要设置这些设施的路侧带宽度。

步行交通规划并不属于法定规划，因此未建成区域的人行道空间设计要真正发挥指导道路建设的作用，需要将规划方案纳入控制性详细规划中，通过道路红线、道路横断面等的关键性交通控制要素在法定图则中得以体现。

更理想的情况是，在控规或道路网规划的编制时考虑不同交通方式（机动车、步行、自行车等）的需求。在传统的道路分级基础上，依据道路所处的背景环境即沿街的土地利用和建筑设计，进一步细化道路分级体系，即做两维分级，并因地制宜地提出横断面型式，使道路满足沿线步行交通、商业活动、街道生活及其他交通方式的需求。在以往仅考虑机动车交通功能的控制性详细规划或道路网规划中，横断面型式种类较少，在考虑道路所处的背景环境后，横断面的型式会有所增加。

设计时，人行道应保持连贯、平整，避免不必要的高差；如有不可避免的高差，就应设置斜坡等无障碍设施。另外，人行道内还必须设有安全、连续的盲道，保障盲人的无障碍出行。在动线复杂的区域如人行天桥和过街地道的楼梯、轨道交通站点的出入口等应结合建筑或者退界空间统筹整合。有条件的街道可以使用花坛、栏杆、路桩等街道设施或者通过划线、标识在空间上进行隔离，以避免机动车违章占用人行道；而空间有限的人行道，可以通过采用斜向停放、立体停放、与周边地块停车场地协调共同停放等方法，满足非机动车停放需求。对于人流量较大的路段，可以禁止非机动车停放，以保障步行优先通行。

2. 已建成区域的人行道空间设计

对已建成区域，可以通过在高峰时对行人流量的调研确定步行需求，也能同时观测其他街道活动所需要的人行道空间。依据行人的流量，可以计算所需的行人通行带条数，进而确定人行道的宽度，如式（9.1）所示。另外，人行道宽度不应小于 2 人对向通行所需要的最小宽度 1.5m。

$$W_s = \text{Ceil}(V_p / C_{ws}) \times W_{ps} \tag{9.1}$$

式中：W_s 为人行道宽度（单位为 m）；V_p 为高峰时的行人流量（单位为人/h）；C_{ws} 为行人通行带的通行能力（单位为人/h）；W_{ps} 为行人通行带的宽度（单位为 m）；$\text{Ceil}(*)$ 表示向上取整。

其中，行人通行带的通行能力可以取 1800～2100 人/h。行人通行带宽度通常仅考虑单人行走时为 0.75m，考虑单人携带物品行走时为 0.9m。对于公园、居住区周边的道路，还需要考虑有特殊需求的行人所需要的最小通行空间，比如使用轮椅的老人、坐婴儿车的婴儿等，如图 9.4 所示。

0.75m 0.9m 1.5m 1.2m

图 9.4 不同需求行人所需要的最小通行空间

　　已建成区域的道路空间通常有限,如果存在步行空间不足的情况,则需要与其他交通空间,尤其是车行空间进行协调,做精细化的调整,而不仅仅是提出理想的人行道宽度。只有这样,才能保障步行空间真正落地。

　　与很多国内城市压缩步行与自行车空间增加机动车道的做法不同,发达国家的一些城市却在开展街道瘦身运动,即压缩机动车空间,增加行人、自行车的通行空间或绿化空间。街道瘦身表面上看是牺牲了机动车的通行空间,但事实上还需要进一步分析。首先,原来的机动车道是否提供了无效或过剩的通行能力,这里提到的无效或过剩的通行能力可以理解为以下 2 个方面:第一,该街道的机动车通行能力是否与周边道路的机动车通行能力匹配,是否受制于上、下游交叉口的通行能力。如果该街道的机动车通行能力远高于周边道路或者上、下游交叉口的通行能力,那么即使该街道在高峰时间存在交通拥堵的情况,从城市或区域整体的道路网络来看,其所提供的通行能力也是无效的,或可以理解为是过剩的。第二,由于国内城市上、下班、上、下学时间非常集中,而发达国家城市往往有比较灵活的工作制,因此,国内高峰小时机动车流量占全日机动车流量的比例要比发达国家城市高得多,如果期望街道完全满足高峰小时机动车的通行需求而不产生拥堵,其所提供的通行能力在其他非高峰小时是严重过剩的。其次,缓解交通拥堵最关键的是减少街道上机动车的数量,而非增加机动车的通行空间,因此有非常多的交通管理策略可以使用。即使不存在上述情况,如果行人、自行车、机动车都存在通行能力无法满足的情况,从使用者优先级上考虑,行人的空间诉求也应该是被首先满足的。

　　综上所述,如果街道存在步行空间不足的情况,在有道路路幅宽度约束的情况下,步行空间设计需要做的工作是重新分配街道空间。街道空间的重新分配可以将自行车道一并进行研究,一次性解决步行与自行车的问题。街道空间的重新分配需要考虑现状的街道空间分配情况,尽量减少工程量。主要措施包括 3 种:缩窄机动车道宽度、取消边停车带、减少机动车道条数。缩窄机动车道宽度是首先可以考虑的措施。如果缩窄机动车道宽度后仍然不能满足步行与自行车空间的要求,则考虑取消路边停车带或者减少机动车道条数。

　　对于 3 种措施中的缩窄机动车道宽度,需要研究最窄可行的机动车道宽度。国内城市在以往道路设计时都是依据 1991 年实施的《城市道路设计规范》[32]。它对车道宽度的规定为:仅有小型汽车时,车道宽度为 3.50m;大、小型汽车混行时,车道宽度为 3.75m(设计车速≥40km/h)或 3.50m(设计车速<40km/h)。该规范在 1999 年进行了局部修订,但对机动车道宽度的要求并没有改变。直到 2012 年实施的《城市道路工程设计规范》[33]中才对上述车道宽度的要求进行了调整,车道宽度的要求与原规范相比有了小幅度的降低。规范规定小客车专用车道宽度为 3.50m(设计车速>60km/h)或 3.25m(设计车速≤60km/h),大型车或混行车道宽度为 3.75m(设计车速>60km/h)或 3.50m(设计车速≤60km/h)。尽管如此,由于老规范产生的影响根深蒂固,大多数道路规划设计仍然按照老规范要求开展,即使是新规范中机动车道宽度的标准,与国外的规范相比仍然偏大。表 9.2 为国外的机动车道宽度标准。

表 9.2　国外机动车道宽度标准[34]

国家	高速公路或快速路/m	主干路/m	次干路或支路/m
巴西	3.75	3.75	3.00
捷克	3.50～3.75	3.00～3.50	3.00
丹麦	3.50	3.00	3.00～3.25
法国	3.5	3.5	3.5
德国	3.50～3.75	3.25～3.50	2.75～3.25
希腊	3.50～3.75	3.25～3.75(农村、郊区)	3.00～3.25
匈牙利	3.75	3.50	3.00～3.50
印度尼西亚	3.50～3.75	3.25～3.50	2.75～3.00
以色列	3.75	3.60	3.00～3.30
日本	3.50～3.75	3.25～3.50	3.00～3.25
荷兰	3.50	2.75～3.25	3.10～3.25
波兰	3.50～3.75	3.00～3.50	2.50～3.00
葡萄牙	3.75	3.75	3.00
南非	3.70	3.10～3.70(农村);3.00～3.70(城市)	2.25～3.00
西班牙	3.50～3.75	3.00～3.50	3.00～3.25
瑞士	3.75～4.00	3.45～3.75	3.15～3.65
英国	3.65	3.65	3.00～3.65
美国	3.6	3.3～3.6	2.7～3.6

本书在街道测量调查中调查了南京老城内 18 条街道的机动车道总宽度和机动车道总条数,两者相除可以得到平均机动车道的宽度。由于街巷中人车混行,往往没有明确划分出每一条机动车道,因此仅分析 14 条主干路、次干路、支路的平均机动车道宽度。如表 9.3 所示,6 条街道平均机动车道宽度在 2.7~3.0m 的区间内,5 条街道平均机动车道宽度在 3.0~3.4m 的区间内,仅有 3 条街道平均机动车道宽度在 3.4~3.7m 的区间内,1 条街道平均机动车道宽度在 3.7~4.0m 的区间内。

表 9.3　南京老城内 14 条街道平均机动车道宽度统计

平均车道宽度/m	主干路数	次干路数	支路数	总计
2.7~3.0	3	2	1	6
3.0~3.4	2	1	2	5
3.4~3.7	2	0	1	3
3.7~4.0	1	0	0	1

尽管有些人认为越宽的车道更加安全,而缩窄车道可能会导致更多的交通事故,但是国外对不同车道宽度下交通安全性的研究几乎没有支持上述结论的证据。相反,国外研究中通常得出的结论是:车道宽度对安全性的影响并不显著或者是当车道宽度大于一定阈值时(一般>3.4m),车道宽度越宽,反而越会降低交通安全性。由于实际中很少有车道宽度<3.0m,因此关于<3.0m 的车道安全性的研究非常少[35]。Noland 使用美国 14 年来特定道路交通事故的伤亡人数研究车道宽度对交通安全的影响,研究关注 2 类主要的道路类型,即干道(Arterial Road)和集散道(Collector Road)。在控制其他可能影响安全性的因素后,模型得出的研究结论如表 9.4 所示。从表中可以看出,相对较窄的车道与相对更宽的车道相比,干道死亡数、干道受伤数、集散道死亡数、集散道均显著下降或者无显著影响,两者各占 50%[36]。

表 9.4　Noland 对车道宽度和交通事故伤亡数的研究结论[36]

不同车道宽度的对比	干道死亡数	干道受伤数	集散道死亡数	集散道受伤数
≤2.7m 与>2.7m 对比	无显著影响	显著下降	显著下降	显著下降
=3.0m 与>3.0m 对比	显著下降	显著下降	无显著影响	无显著影响
=3.4m 与>3.4m 对比	无显著影响	无显著影响	显著下降	显著下降
<3.7m 与≥3.7m 对比	无显著影响	无显著影响	显著下降	无显著影响

一些国外的街道设计导则中对机动车道宽度也有规定。比如,印度街道设计导则提出在设计速度<30km/h 的地方道(Local Street)上,单向通行宽度为3.0m,双向通行宽度为 4.5m,如果需要考虑公交车等大型车的驶入,则双向通行宽度可以为 6.0m 或 6.5m。在集散道上,单向 2 个车道的总宽度为 5.5m。在干道上,单向 2 个车道的总宽度为 6.0m,单向 3 个车道的总宽度为 8.5m。当单向车道总宽度>6.0m 时,车辆容易超速或借道行驶,或者被停车侵入[37]。阿布扎比街道设计导则中提出干道除最外侧车道宽度为 3.5m 外,其余车道宽度均为 3.3m,集散道则所有车道宽度均为 3.0m,仅工业区以服务货运为主的道路除外[19]。

从国外关于车道宽度的研究和街道设计导则可以看出,国内街道在规划设计或者改造时机动车道有一定的瘦身空间。如果机动车道宽度瘦身后仍然不能满足步行或自行车空间的需求,则可以进一步考虑取消路边停车带或减少机动车道条数。

进行道路瘦身后,可以通过在原路侧带向外拼贴人行道铺装的形式增加步行空间,或者在原路边停车带或机动车道上沿线按照 1.0~2.0m 的间隔设置塑料阻车杆或设置连续的花箱,以划定步行空间。

9.2.4 人行过街空间设计

对于未建成区域,人行过街空间设计主要工作是对规划范围内所有次干路及以上等级的道路提出最大间距的要求。由于很难预测行人过街的位置和流量,因此,人行过街设施间距的确定也与人行道宽度设计相同,要考虑 2 个因素:首先是道路等级,其反映了某条道路在路网中的交通功能;其次是步行道等级,其反映了潜在的步行活动强度。步行道等级依据步行网络规划中的成果,即根据临街的土地利用与建筑设计确定,其中特别重要的因素应该是建筑密度、建筑底层用途、建筑高度。基于上述 2 个因素提出的人行过街设施的最大间距如表 9.5 所示。在具体取值时,对处于高等级步行分区的人行过街设施最大间距建议取低值,低等级步行分区的人行过街设施最大间距可以取高值。

对于已建成区域,人行过街空间设计需要检验已有的人行过街设施是否满足最大间距的要求,并且研究设置位置是否合理。具体的人行过街设施位置可以参考如下标准:距公交车站及轨道交通站点出入口不宜大于 30m,不应大于50m;据学校、幼儿园、医院、养老院等门前不宜大于 30m,不应大于 80m;距居

表 9.5　人行过街设施最大间距　　　　　单位:m

道路等级	一级步行道	二级步行道	三级步行道
主辅路形式地面快速路	350~450	450~550	600~700
高架或地下快速路的地面道路	250~350	350~450	500~600
主干路	150~250	250~350	350~450
次干路	100~200	200~300	300~400

住区、大型商业设施、公共活动中心的出入口不宜大于 50m,不应大于 100m。人行横道应与人行道对齐,以保障步行空间的连贯畅通。人行横道的宽度应大于与其相连的人行道,以形成两侧路人的交汇空间。当路中设置安全岛时,安全岛驻留区长度应尽量不小于相连的人行横道宽度。另外,在地块出入口也需要充分考虑行人与进、出车辆之间的衔接。在车行出入口应保持人行道路面和铺装水平连续或保持人行道标高,以保证行人优先通行,同时应设置相应标识提示行人注意进、出车辆,提醒车辆减速。

无论是对于已建成区域还是对于未建成区域,规划人行天桥或地道都应持谨慎的态度。为了保障机动车通行的连续性和提高机动车的行驶速度,一些城市在人行道两侧建造了阻碍行人过街的围栏,迫使行人绕行或者使用人行天桥或地道。如果绕行距离过远或者使用天桥或地道,与直接过街相比就会带来更多的麻烦,一些行人依旧会选择在地面过街。一旦行人选择在任意便利的地方过街,对通行效率和安全产生的影响相比于集中的地面人行过街设施就要大得多。选择使用天桥或地道还是直接从地面过街,其实是行人根据两者的相对效用做出的理性选择。车道数越多,过街距离越远,则行人需要判断更多车道上车辆的位置和车速来寻找空当,而空当产生的概率也越小,这时使用地面过街的相对效用才会降低。因此,除了快速路或双向 8 车道及以上的道路,应该避免强迫行人使用人行天桥或者地道过街。另外,人行天桥或地道设置需要占用部分人行道空间,在设计时应注意尽量减少对人行道的占用;如果最小的人行道宽度不能保证,则不应采用立体过街方式。

保障行人过街的安全是人行过街空间设计中最为重要的原则。合理设置交叉口或人行横道的抬高、过街安全岛、街角空间,都能提高行人过街的安全性。以下分别予以阐述。

1. 交叉口或人行横道的抬高

当人行过街设施没有配合信号控制措施时,绝大多数的机动车驾驶者并不会按照道路交通安全法的规定礼让过街的行人。如果是路段过街,就可以将人行横道抬高至与相接人行道同样的高度(高于地面150～200mm),同时为机动车提供坡道,坡道的高宽比至少为1∶4。抬高人行横道,一方面提高行人的安全性和舒适性,另一方面也使得车辆减速。对于车辆驾驶者驾驶的舒适性来说,使用人行横道抬高要好于使用减速带。在一些没有信号控制的交叉口或者事故高发的信号控制交叉口,也可以对交叉口整体进行抬高。

2. 过街安全岛

在主干路或者设计速度较高的次干路上设置中央分隔带,有助于减少对向机动车辆的干扰,既能保证高速行驶车辆的安全性,也能为行人过街提供庇护。使用中央分隔带提供人行过街安全岛的最小宽度应为1.0m;如果考虑自行车的话,最小宽度应为2.0m。

除此之外,在一些没有中央分隔带的街道上,可以通过压缩机动车道的宽度,提供间断式的人行过街安全岛。比如,6车道的道路如果每条车道间断式压缩0.2m,就能提供1.2m的安全岛空间,同时能降低机动车的车速。这对一些车速较快、人行过街缺乏信号控制、位于学校周边的道路是非常有意义的。这时安全岛除需要抬高外,还需要有明确的障碍物,如混凝土柱以定义步行空间,并保证夜间照明,避免机动车辆错误驶入。

3. 街角空间

交叉口的路缘石转弯半径直接决定了街角空间的大小,并影响机动车辆在交叉口转向的速度和行人过街的安全性。在设计时,需要考虑可能通过交叉口的机动车尺寸,在满足基本通行需求的前提下,尽量能够缩减路缘石转弯半径,一方面降低车辆的转向速度,另一方面增加行人等待的空间,缩短行人过街的距离。

交叉口有效的转弯半径,实质上要大于路缘石转弯半径,因此需要注意,不能将车辆需要的转弯半径作为路缘石半径进行设计。长期以来,我国对交叉口的路缘石转弯半径规定值偏大,容易鼓励机动车快速右转,对行人和自行车过街的安全构成威胁,且缩小了街角的等待空间,增加了过街距离。交叉口右转弯行车设计时速宜为20km;对于行人和自行车过街流量特别大的路口,设计时速宜为15km。参照《城市道路交叉口规划规范》[38]的规定:无自行车道的交叉口转角路缘石转弯半径不宜大于 10m,有自行车道的路缘石转弯半径可采用 5m。国外的街道设计导则所要求的路缘石半径更小。比如,阿布扎比街道设计导则规定城市交叉口最大的转弯半径为 5.0m,实际设计中可以使用 2.0～5.0m,如果交叉口不允许转向,转弯半径可设置为 0.5m。设计转弯速度不应该大于 15km/h[19]。小的路缘石转弯半径可以使得人行过街与人行道尽量位于同一直线上,缩短行人过街的距离。

9.3　步行环境设计

　　理想的街道步行环境往往具备一些共同的品质。Gehl 认为良好的步行环境(公共空间)首先应该确保避免风险、身体损伤、不安全感、不愉快的感官体验,尤其是应避免气候的负面影响。其次是确保空间的舒适性,鼓励人们利用公共空间进行若干重要活动,如行走、站立、观看、交谈、倾听和自我表现。最后是要符合人性的尺度,充分利用当地的气候优势,尽可能提供审美体验和宜人的感官影响[39]。Sarkar 认为理想的街道步行环境需要能够促使多样的街道活动发生,却不会引起不同街道使用者之间的冲突。成功的街道步行环境设计需要符合 3 个标准。①行人友好的环境:设计师需要使街道景观更加友好,并提供行人需要的设施。②与周边建筑融合的环境:设计师需要注重城市景观与街道景观的质量、可识别性。③富有视觉吸引的环境:设计师需要设计能吸引视线的要素[40]。

　　从街道步行性的研究中可以看出,影响步行环境的不是只有步行道内的街道元素。由此步行环境设计的对象并不局限于步行道内的街道元素,而是需要打破道路红线的约束,系统考虑所有行人的活动空间,比如红线范围之外的建筑前区等公共空间。步行环境设计涉及的街道元素包括:铺装材料、临街界面、绿化与水景、照明、街道家具、公交车站、自行车停车设施、标识标线、服务设施、排水设施、应对气候性设施(遮蔽物)、无障碍设施、公共艺术品。由于步行环境设计涉及的街道元素非常多,因此很难全面、详细地对所有内容进行阐述。以往的研究大多只是给出一些宽泛的设计原则或是针对某条街道开展具体的设计。本节采取了另外一种思路:将街道测量调查中发现的步行环境问题进行总结,分别按照畅行性、安全性、舒适性、愉悦性予以归类(如表 9.6 所示),进而针对这些实际问题,研究相应的步行环境设计方法。

表 9.6　街道测量调查中发现的步行环境问题

分类	问题	对应的步行环境设计要素
畅行性	人行道太窄	人行道
	穿越不便（街道太宽、机动车流量太大、等待时间太长）	人行过街
	铺装质量差或维护缺乏	人行道
	建筑出入口、便道导致人行道频繁中断	人行道
	机动车、自行车停放或其他服务设施侵占导致的障碍	人行道
	设置公交车站、港湾式停靠站导致的人行道宽度太窄	公交车站
安全性	缺乏必要的交通宁静化设计，机动车车速太快	交通宁静化设计
	没有对行人和机动车交通进行高差上的分离	人行道
	铺装表面太滑易导致行人跌倒，特别是冬季	人行道
	没有对人行道与自行车道进行分离	人行道
	交叉口人行过街离交叉口过远	人行过街
	缺乏必要的过街安全岛	人行过街
	人行过街信号时长不足，造成老年人等过街困难	人行过街
	绿化遮挡导致过往车辆无法看清过街的行人	绿化
	机动车不礼让过街的行人	人行过街
	机动车右转在渠化岛内速度过快	渠化岛
	夜间缺乏照明	街道家具
舒适性	缺乏座椅	街道家具
	机动车交通的不利影响（车速快、流量大、噪声大）	交通宁静化设计
	缺乏对不利天气的防护	街道家具
	缺乏指路设施（标志、标牌、信息）	街道家具
愉悦性	缺乏自然景观（绿化面积太小、树木太稀疏）	绿化
	公共空间缺乏维护和管理（铺装、绿化、路灯、街道家具、建筑立面）	维护与管理
	单调的设计和装饰（相同材料过度使用、空间太过正式、缺乏地域特色）	临街建筑

　　下面分别对如何保障人行道上连续的步行空间，如何设置信号控制提高人行过街的安全性，公交车站、街道家具、绿化、临街建筑、渠化岛的设置，交通宁静化设计和维护与管理进行说明。

1. 人行道

在街道调研中发现很多严重妨碍步行通行的障碍物导致人行道中断的情况，如报刊亭、机动车停车带等。尽管这些障碍物仅仅占用街道的某一点，但调研发现很多行人会在离这些障碍物非常远时就放弃在人行道上行走，因此这些障碍物实际上会对整条街道的步行造成影响。对于这些障碍物，应在设施带、绿化带等空间内予以安排。报刊亭、公交车站等必要的生活服务和交通设施的设置可以充分利用路边停车的空间。路边停车空间与街道其他服务通行的空间不同（如机动车道、人行道），路边停车空间并不需要保证连续。因此，路边停车带可以通过特殊的铺装、整体抬高、摆放街道家具等措施间断性地用作其他功能，比如作为报刊亭、公交车站的空间或其他零售摊贩、店铺。这样不仅能很好地满足多种街道活动的需求，又不侵占人行道空间，还能缩窄交叉口或路段，以缩短行人过街的距离。

一些街道虽然有足够宽的人行道，但由于有大量建筑或边道的出入口的存在，人行道经常中断。建议可以对这些出入口做抬起式设计，使其与人行道在同一高度，一方面保证人行道的连续性，另一方面作为交通宁静化设计措施使进、出的机动车辆减速。

使用合适的铺装材料，对于创建安全、舒适、有地方特色的步行环境是非常重要的。铺装设计包括材质和样式。铺装的材质对步行舒适性有直接的影响。对于步行道内不同的空间，比如自行车停车区域、公交车候车区域可以采用不同的铺装样式，以进行明确区分。

2. 人行过街信号控制

信号控制是保障行人过街安全性的重要手段。路段人行横道宜设置按钮式人行过街信号灯。人行过街信号灯时长应根据过街行人流量及人行横道宽度确定，人行过街红灯时间不宜大于90s且最长不应超过120s，绿灯时间不应小于30s。

目前国内多数交叉口对右转机动车采用全绿的相位，由于国内机动车驾驶人普遍没有礼让行人和礼让自行车的习惯，往往造成行人在即使绿灯的时候也需要时刻警惕避让右转的机动车，因此会对交叉口步行和自行车的安全产生影响。建议在行人或自行车流量大的交叉口，将人行过街信号灯与机动车右转信号灯的相位分隔设置，在行人或自行车流量不大的交叉口可以增设车辆礼让标志，有助于提升行人步行和自行车过街的安全性及舒适性。

行人专用相位是指停止交叉口所有的机动车辆允许行人朝任意方向过街，包括对角线的穿越交叉口，最早在 20 世纪 40 年代的美国和加拿大被使用。行人专用相位适合位于市中心、人流量较大的交叉口，尤其是多路交叉或面积较大的交叉口，如图 9.5 所示。由于行人专用相位会占用信号时间，增大机动车的延误，因此设置时需要综合考虑。通常设置了行人专用相位，其他相位的人行过街也应该予以保留。

图 9.5　上海淮海中路与黄陂南路的行人专用交叉口

3. 公交车站

公交车站是步行和公共交通衔接的节点，良好的公交车站设计能够使公共交通更容易吸引城市居民。乘客在公交车站等待是公交车出行中最烦恼的环节，乘客在公交车站的经历对乘客感知的公交车出行服务水平有非常大的影响。好的公交车站应该容易识别，并且能够提供安全舒适的等待空间、安全有序的自行车停放场所。在设计时，应该与人行过街设施一同考虑且不妨碍行人和自行车的正常通行，即设置公交车站后需要保证人行道和自行车道的连续性。

在街道调研中发现目前城市公交车站存在的最主要问题是站点等候空间不足。这在不同等级的道路上都普遍存在，但产生上述问题的原因并不相同。

对于低等级的道路(主要为次干路、支路),公交车站通常会设置在设施带上,由于设施带较窄,且公交车站往往设置大面积的平行于人行道的站牌和广告牌,因此会造成行人等待空间非常局促,很多人习惯站立于非机动车道或者机动车道上等候公交车。对于高等级的道路(主要为主干路),原本的宽度能够满足候车者等待空间的要求,但由于设置港湾式停靠站占据了大量空间,因此也产生了与低等级的道路同样的问题,候车者往往会进入港湾式公交车站内等车,在高峰期尤为普遍。这一方面会有很大的安全隐患,另一方面也造成公交车无法完全驶入港湾式停靠站,使得港湾式公交车站丧失了原本的作用。综上所述,建议如果存在因为设置公交车站而使得候车者等候空间或行人通行空间不能满足基本需求的情况,那么公交候车亭的设计应采用前后通透的形式,其站牌应设置在设施带内。如仍然不能满足要求的,不建议设置港湾式停靠站。

除了少量设置在机非分隔带上的公交车站,公交车在进、出站时通常需要借用非机动车道。一方面,会对自行车交通产生严重干扰,自行车被迫进入内侧机动车道行驶,有非常大的交通隐患;另一方面,自行车也会对公交车的进、出站产生干扰,尤其是在一些自行车和公交车流量都较大的主干路上。这时可以采用非机动车道外绕的设计,以确保骑车人和公交车的安全及通畅。如果道路空间有限,设置非机动车外绕的优先级就应高于设置港湾式公交车站的优先级。这有2个方面原因:一方面,从设置目的来看,前者是为了保障自行车和公交车的行驶安全,而后者则是为了保障其他机动车的通行顺畅;另一方面,如果自行车的通行问题没有解决而导致自行车进入内侧机动车道,港湾式公交车站也失去了原本旨在保障其他机动车通行顺畅的作用。

4. 街道家具

街道家具包括一些生活服务设施,比如座椅、柱子、花盆(花箱)、路牌、邮筒、垃圾桶、消防栓、路灯、自行车停车桩、街道艺术品等。尽管有些家具很普通,比如座椅,但是在空间的塑造上能起到很大作用,能使得居民将公共空间作为私人空间,增加街道上的活动,尤其是散步、休息、社会交往及其他娱乐活动。

街道家具所摆放的位置是非常重要的,在街道调研中发现街道上经常有原本是服务人们生活的街道家具由于摆放位置不当而变成阻碍人们正常通行的障碍物。总的来说,街道家具应该被放置在不阻碍行人通行的地方。比如,在一些仅有3.0m宽的步行道上,街道设施只能零星地布置在设施带或绿化带上,以保证至少有2.0m的人行道供行人行走。绝大多数的街道家具,特别是座椅和桌子,应该被放置在能够享受树荫的地方。如果将座椅、桌子、零售摊位这些街道家具合理地放置在较窄的人车共享的街道上时，这些街道家具本身就可以成为交通宁静化设计的要素。街道家具应该被放置在它们可能被使用的地方，这可以从街道的活动和临街的土地利用情况来分析。比如，最需要座椅的地方是会聚集大量人流或者商业活动的商业区、公共建筑旁、公共车站旁等，居住区、广场、公园、绿地周边道路也应该考虑设置。在有沿街餐饮的区域，应保证垃圾桶的密度（如每 20m 设置一处）。照明的作用不仅仅是为夜间提供光亮，使得步行更加容易、安全，同时能作为街景艺术，创造富有美感的步行空间。在人流量较大的区域，可以考虑因地制宜地使用现状设施，比如设计拱廊、檐篷、建筑挑檐、骑楼、内部公共通道等设施为行人在雨雪天气提供防护。

街道家具包括各类提供指路信息的渠道。除交叉口的路牌外，可以在公共交通站点提供内容详尽、格式统一的区域地图，给出准确的所在位置，标示出主要的兴趣点，特别是到邻近的公共交通站点的信息，能够帮助不熟悉该区域的行人提高对城市的理解和体验，吸引其乘坐公共交通。

5. 绿化

街道绿化尤其是高大的乔木不仅能够起到遮阳避雨的效果，也能起到缓冲区域的效果，因此，合理的街道绿化能显著提高街道步行性。在街道调研中发现，一些新建道路不考虑人行道的空间条件，行道树树池会远离路缘石而占据有限步行通行空间。对于新建的道路，需要注意树池应紧邻路缘石设置。对于已建的道路，当步行带宽度受限时，树池可以采用透气的砖块铺装进行平整化处理，以增加步行空间。另外，乔木不应该种植在会影响到行人和车辆视线的地方，在交叉口或路段人行过街处前后各 20m，应使用低矮的灌木，高度应控制在 0.9m 以下，以保证行人和车辆的视线通透。

6. 临街建筑

如果行人在视平面层能看到迷人的空间，将极大地提升步行吸引力，因此，临街建筑底层一般应避免设置大面积、封闭立面、缺乏细节的设计，宜作为商业、文化、娱乐等用途，采用小尺度、通透和开敞的设计形式，提升街道活力。对于已经建成的大型建筑或者围墙带来的消极界面，可以采用在"大空间中设计小空间"的原则，将大空间与人性化尺度更好地结合起来。比如，设计林荫道、拱廊将步行空间与大空间区分开，也可以设置街道艺术品、局部景观、绿植等[39]。由于不同城市文化、气候、地形、机动化水平和城镇化发展阶段等方面的不同，城市自身也具有差异性，因此，步行环境设计的细节也需要延续城市传统符号,因地制宜,通过本地化的设计提升城市自身的形象特色。

建筑前区不宜设置机动车停车位,将其作为步行空间或布置座椅等街道家具创造柔性空间,均有利于街道步行性的提升。

7. 渠化岛

一些城市新区的道路往往喜欢设计右转渠化岛,使机动车右转不受信号灯的控制。右转渠化岛会大幅度增加交叉口的尺度,严重损害行人过街的便利性和安全性,应该尽量避免使用。如果一定要设计右转渠化岛,建议在右转道入口处设计一个较小的角度(比如30°),迫使机动车降低行驶速度,而非设计成传统的圆弧式。另外,可以将右转道上人行过街的位置抬高至人行道同一水平面(高于地面150～200mm)。考虑到交叉口的景观和人气,可以对已有的右转渠化岛进行改造,如图9.6所示。

(a) 改造前　　　　　　　　　　　　(b) 改造后

图 9.6　右转渠化岛的改造

8. 交通宁静化设计

交通宁静化设计旨在通过降低机动车车速,使得街道更适于步行、自行车等慢速交通方式和街道活动,同时可以减少机动车数量。交通宁静化设计已经在越来越多的国家应用,取得很多良好的效果。比如,Pucher 和 Dijkstra 在荷兰的研究表明,交通宁静化设计措施使不同区域的交通事故发生率减少了20%～70%[41]。

交通宁静化设计需要综合考虑街道上行人、非机动车、机动车流量,街道活动的频率和类型，交通事故的频率和类型，街道宽度，街道临街用地出入口，街道上、下游交叉口尺寸。比较适合采用交通宁静化设计的街道包括一些有较多儿童出行的地方（如学校周边），需要降低车速保证宜居性的地方（如广场、公园、居住区），以及一些宽度较窄而需要降低车速以保证安全性和生活性的街道。

交通宁静化设计常见的措施有减速带、减速台、曲线行驶、小环岛、粗糙路面、交叉口对角线封闭等（如图9.7所示）。目前国内城市最常用的是减速带，在街道调研中发现有些减速带安装时会覆盖两侧路缘石间的整幅路面，这对于骑车人是非常不友好的，设计中应予以避免。国外城市更多使用减速台（如突起的人行过街），不仅能降低机动车速度，而且震荡效果不明显，还能提升行人过街的舒适性，故建议代替减速带使用。

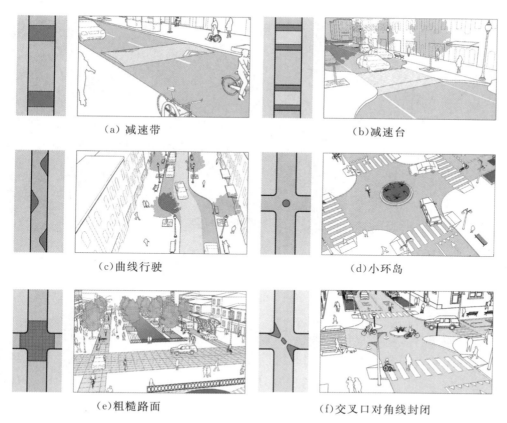

（a）减速带 　　　　　　　　　　　　　　（b）减速台

（c）曲线行驶 　　　　　　　　　　　　　（d）小环岛

（e）粗糙路面 　　　　　　　　　　　　　（f）交叉口对角线封闭

图9.7　常用交通宁静化设计措施

注：图片来源 https://globaldesigningcities.org/。

9. 管理与维护

路面坑洼、树枝掉落、座椅破损、垃圾满地、水漫"金山"、停车占道都是国内城市街道上较为常见的现象,也正反映了街道管理和维护的缺位。步行环境设计需要考虑全生命周期(从设计、建设到维护),材料的选择上应该考虑预防故意损害的发生。另外,需要制定人行道铺装、绿化、街道家具等设施现状情况的审计计划,并有配套资金予以维护。

9.4　小结

本章提出了步行性导向的步行交通设计方法。在步行空间设计中,阐述了完整街道、健康街道和全龄友好等设计理念,提出了考虑街道使用者的优先级、数量和速度等设计要点,区分未建成区域和已建成区域,提出了人行道空间设计方法与人行过街空间设计方法。步行环境设计采用问题导向的思路,从畅行性、安全性、舒适性和愉悦性等方面总结步行环境存在的问题,从人行道、人行过街信号控制、公交车站、街道家具、绿化、临街建筑、渠化岛、交通宁静化设计、管理与维护等主题出发,提出相应的设计方法。

参考文献

[1] Alexander C. A pattern language：towns，buildings，construction[M]. New York：Oxford University Press，1977.

[2] Gehl J. Cities for people[M]. St. Louis：Island Press，2013.

[3] Whyte W H. City：rediscovering the center[M]. Philadelphia：University of Pennsylvania Press，1988.

[4] John J F. Pedestrian planning and design[R]. Tokyo：Kajima Institute Publishing Co. Ltd，1974.

[5] AASHTO. Guide for the planning，design，and operation of pedestrian facilities[R]. Washington DC：AASHTO，2004.

[6] AASHTO. Pedestrian facilities user guide—providing safety and mobility [R]. Washington DC：AASHTO，2002.

[7] Institute of Transportation Engineers. Design and safety of pedestrian facilities[R]. Washington DC：Institute of Transportation Engineers，1998.

[8] Institute of Transportation Engineers. Improving the pedestrian environment through

innovative transportation design［R］. Washington DC：Institute of Transportation Engineers，2005.

［9］Florida Department of Transportation. Florida pedestrian planning and design handbook ［R］. Tallahasses：Florida Department of Transportation，1999.

［10］California Department of Transportation. Pedestrian and bicycle facilities in California：a technical reference and technology transfer synthesis for Caltrans planners and engineers［R］. Sacramento：California Department of Transportation，2005.

［11］North Carolina Department of Transportation. Planning and designing local pedestrian facilities［R］. Columbia：North Carolina Department of Transportation，1997.

［12］Washington State Department of Transportation. Pedestrian facilities guidebook：incorporating pedestrians into Washington's transportation system［R］. Olympia：Washington State Department of Transportation，1997.

［13］Georgia Department of Transportation. Pedestrian and streetscape guide［R］. Atlanta：Georgia Department of Transportation，2003.

［14］Vermont Agency of Transportation. Vermont pedestrian and bicycle facilities planning and design manual［R］. Montpelier：Vermont Agency of Transportation，1997.

［15］住房和城乡建设部.城市步行与自行车交通系统规划设计导则［S］.2013.

［16］北京市规划和自然资源委员会.北京市步行和自行车交通环境规划设计标准［S］.2020.

［17］深圳市规划和国土资源委员会.深圳市步行和自行车交通系统规划设计导则［S］.2013.

［18］New York City Department of Transportation. Street design manual［S］. 2009.

［19］Abu Dhabi Urban Planning Council. Abu Dhabi urban street design manual［S］. 2010.

［20］Transport for London. Streetscape guidance 2009：a guide to better London streets ［S］. 2009.

［21］Los Angeles Department of Health. Model design manual for living streets［S］. 2011.

［22］李雯,兰潇.城市最具潜力的公共空间再开发——世界典型街道设计手册综述［J］.城市交通,2014(2):10-17.

［23］尹晓婷,张久帅.《印度街道设计手册》解读及其对中国的启示［J］.城市交通,2014(2):18-25.

［24］张久帅,尹晓婷.基于设计工具箱的《纽约街道设计手册》［J］.城市交通,2014(2):26-35.

［25］兰潇,李雯.以多元需求平衡为导向的街道设计——以《阿布扎比街道设计手册》为例［J］.城市交通,2014(2):36-49.

［26］姜洋,王悦,解建华,刘洋,赵杰.回归以人为本的街道:世界城市街道设计导则最新发展动态及对中国城市的启示［J］.国际城市规划,2012(5):65-72.

［27］上海市规划和国土资源管理局,上海市交通委员会.上海市街道设计导则［S］.2016.

［28］深圳市罗湖区城市管理局.深圳市罗湖区完整街道设计导则［S］.2018.

［29］南京市规划局.南京市街道设计导则（试行）［S］.2017.

［30］河北雄安新区管理委员会改革发展局,河北雄安新区管理委员会规划建设局.雄安新区美丽街道集成设计和建造导则［S］.2022.

［31］葛岩,沈璇,蔡纯婷.健康街道设计的理论、方法与实践［J］.上海城市规划,2020（2）：49-56.

［32］建设部.城市道路设计规范［S］.1991.

［33］住房和城乡建设部.城市道路工程设计规范［S］.2012.

［34］Hall L E,Powers R D,Turner D S,et al. Overview of cross section design elements ［C］. Boston：International Symposium on Highway Geometric Design Practices. 1995.

［35］Bicycle Network Australia. Lane widths on urban roads［R］. ［S. l. ］：［s. n. ］,2010.

［36］Noland R B. Traffic fatalities and injuries：the effect of changes in infrastructure and other trends［J］. Accident Analysis & Prevention,2003,35（4）：599-611.

［37］ITDP. Better streets,better cities：a guide to street design in urban India［R］. New York：ITDP,2011.

［38］住房和城乡建设部,国家质量监督检验检疫总局.城市道路交叉口规划规范［S］.2010.

［39］盖尔.人性化的城市［M］.欧阳文,徐哲文,译.北京：中国建筑工业出版社,2010.

［40］Mitra-Sarkar S S. A method for evaluation of urban pedestrian spaces［D］. Philadelphia：University of Pennsylvania,1994.

［41］Pucher J,Dijkstra L. Promoting safe walking and cycling to improve public health：lessons from the Netherlands and Germany［J］. American Journal of Public Health,2003,93（9）：1509-1516.

［42］Dittmar H,Ohland G. The new transit town：best practices in transit-oriented development［M］. St. Louis：Island Press,2004.